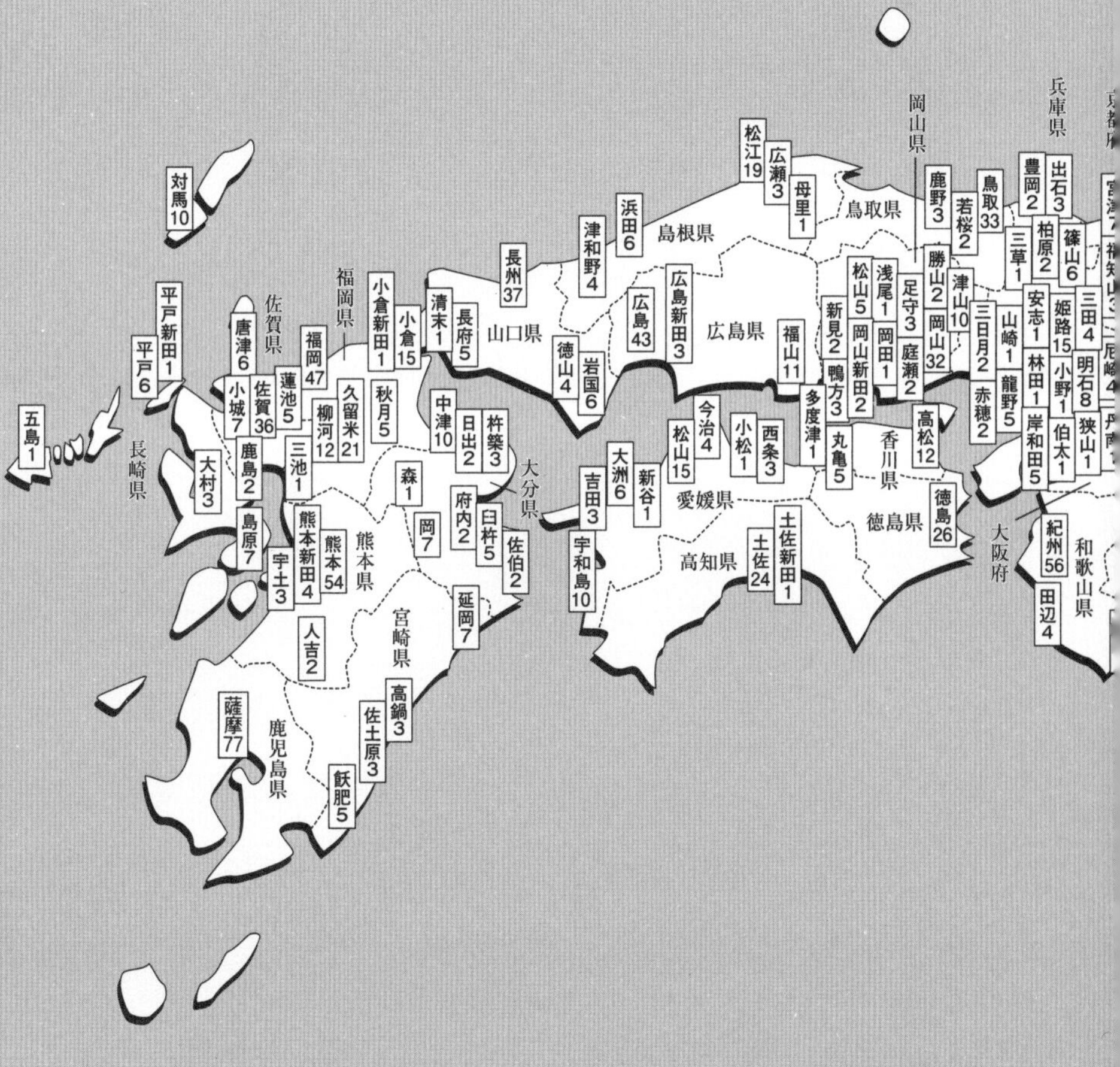

対馬10
平戸新田1
平戸6
五島1
長崎県
佐賀県
唐津6
小城7
佐賀36
蓮池5
鹿島2
大村3
島原7
宇土3
福岡県
福岡47
柳河12
久留米21
三池1
小倉新田1
小倉15
秋月5
清末1
長府5
長州37
山口県
津和野4
浜田6
島根県
徳山4
岩国6
広島43
広島新田3
広島県
松江19
広瀬3
母里1
鳥取県
福山11
中津10
日出2
杵築3
森1
大分県
府内2
臼杵5
岡7
佐伯2
熊本新田4
熊本54
熊本県
人吉2
延岡7
宮崎県
高鍋3
佐土原3
飫肥5
薩摩77
鹿児島県
吉田3
大洲6
新谷1
宇和島10
松山15
今治4
小松1
西条3
愛媛県
土佐24
土佐新田1
高知県
多度津1
丸亀5
香川県
高松12
徳島26
徳島県
新見2
松山5
浅尾1
岡山新田2
岡田1
鴨方3
足守3
庭瀬2
岡山県
勝山2
岡山32
津山10
鹿野3
若桜2
鳥取33
三日月2
赤穂2
山崎1
龍野5
三草1
兵庫県
豊岡2
出石3
柏原2
篠山6
安志1
姫路15
林田1
小野1
三田4
明石8
岸和田5
伯太1
狭山1
大阪府
紀州56
田辺4
和歌山県

シリーズ藩物語

福井藩

舟澤茂樹……著

現代書館

プロローグ

城下町北庄の誕生

北庄《きたのしょう》が越前国支配の拠点となったのは、織田信長が重臣柴田勝家にこの地に築城を命じたことによる。信長は、足羽川《あすわがわ》の河川交通と北陸街道の陸上交通が交わる「足羽三ヶ庄《あすわさんかしょう》」と呼ばれたこの町場に着目したのであった。

天正三年（一五七五）九月、城下町の経営に着手した勝家は、まず足羽川とその支流吉野川の合流地点に壮大な平城の建設にとりかかった。同九年四月、北庄を訪問したイエズス会の宣教師ルイス・フロイスは「此城は甚だ立派で、今大きな工事をして居り」と本国に報告している。北陸の領域拡大を目指す信長の命を奉ずる勝家は長期的戦略のもとで城下町の構築を進めていたことがうかがえる。

天正十年六月二日、京本能寺に宿営中の織田信長は家臣明智光秀に襲撃され、嫡子信忠と共に自害して果てた。豊臣秀吉は敏速に対応し主君の弔《とむらい》合戦で光秀を討った。その直後に信長の跡目を決定する清洲会議が行われた。信長の子信孝《のぶたか》を推す柴田勝家と信忠の遺児秀信を擁立する秀吉が対立したが、主導権を握った秀吉のリード

藩という公国

江戸時代、日本には千に近い独立公国があった

江戸時代。徳川将軍家の下に、全国に三百諸侯《しょこう》★の大名家があった。ほかに寺領や社領、知行所《ちぎょうしょ》★をもつ旗本領《はたもとりょう》などを加えると数え切れないほどの独立公国があった。そのうち諸侯を何々家《け》家中《かちゅう》と称していた。家中は主君を中心に家臣が忠誠を誓い、強い連帯感で結びついていた。家臣の下には足軽層《あしがるそう》★がおり、全体の軍事力の維持と領民の統制をしていたのである。その家中を藩と後世の史家は呼んだ。

江戸時代に何々藩と公称することはまれで、明治以降の使用が多い。それは近代からみた江戸時代の大名の領域や支配機構を総称する歴史用語として使われた。その独立公国たる藩にはそれぞれ個性的な藩風《はんぷう》と

で秀信が後継者に決まった。清州会議の後、勝家との結びつきを強めた織田信孝の勧めで勝家は信長の妹お市の方と結ばれた。お市の方は前夫浅井《あざい》長政との間に生まれた三人の娘、長女茶々・二女初・三女ごう（お江）を伴って北庄の地に移住している。

翌天正十一年四月二十日、柴田勝家は秀吉と雌雄を決した賤ヶ岳《しずがたけ》の合戦で敗北、同月二十四日には追撃する秀吉によって北庄城も落城し勝家は自刃した。妻お市も彼に殉じたが、三人の娘は豊臣秀吉に引き取られた。後年、長女茶々は秀吉の室淀殿《よどどの》となり、二女初は若狭小浜藩主京極高次に嫁《か》し、三女ごうは徳川秀忠の室となっている。

柴田勝家滅亡後の北庄城主には丹羽長秀《にわながひで》・長重父子、堀秀政・秀治父子、小早川秀次、青木一矩《かずのり》と六人が交代した。しかし、いずれも短期のため、柴田勝家の敗死で破壊された北庄城とその城下町の再興は結城秀康の登場を待たねばならなかった。

慶長五年（一六〇〇）九月、徳川家康は関ヶ原合戦に大勝して覇権を確立した。家康二男結城秀康《ゆうきひでやす》は東北の雄《ゆう》上杉景勝《かげかつ》の動きを封ずることで大功を挙げ、その恩賞として北陸の枢要の地、越前一国六十八万石を与えられ福井藩が成立した。当時、加賀・能登・越中三

自立した政治・経済・文化があった。幕藩体制とは歴史学者伊東多三郎《いとうたさぶろう》氏★の視点だが、まさに将軍家の諸侯の統制と各藩の地方分権が巧く組み合わされていた、連邦でもない奇妙な封建的国家体制であった。

今日に生き続ける藩意識

明治維新から百四十年以上経っているのに、今でも日本人に藩意識があるのはなぜだろうか。明治四年（一八七一）七月、明治新政府は廃藩置県《はいはんちけん》★を断行した。県を置いて、支配機構を変革し、今までの藩意識を改めようとしたのである。ところが、今でも、「あの人は薩摩藩の出身だ」とか、「我らは会津藩の出身だ」と言う。それは侍出身だけでなく、藩領出身も指しており、藩意識が県民意識をうわまわっているところさえある。むしろ、今でも藩対抗の意識が地方

国百十九万石を領有する前田利長に次ぐ大名であり、その外様の雄前田家に対する布石でもあった。

秀康は北庄を居城の地として柴田勝家時代よりもその規模を拡大し城下町を再建した。当時の人口は、福井藩の史書『国事叢記《こくじそうき》』に「惣家数五一九〇軒、人数合計二万五三三一人」とある。これは町方の戸口だけで武家人口を加えれば四万人に達していたであろう。三都には及ばないが、屈指の大都市であった。

結城秀康を藩祖とする福井藩は北陸の雄藩として磐石のごとく重きをなしていた。しかし、嫡子忠直の豊後左遷と貞享三年（一六八六）の所謂《いわゆる》「貞享の半知」で所領は二十五万石に激減、その後支藩の松岡藩を吸収して三十万石に回復するなど目まぐるしく変遷した。かくして、明治四年（一八七一）七月の廃藩まで二百七十一年間に一八人の藩主が交代した。その詳細については、以下順次取り上げたい。

なお、城下町「北庄」は、寛永元年（一六二四）七月、四代松平忠昌が越後高田から移封《いほう》されて入部《にゅうぶ》の折、「福居」（のちに福井）と改められた。北庄の「北」が敗北に通じることから武将としてそれを忌《い》んだからである。

の歴史文化を動かしている。そう考えると、江戸時代に育まれた藩民意識が現代人にどのような影響を与え続けているのかを考える必要があるだろう。それは地方に住む人々の運命共同体としての藩の理性が今でも生きている証拠ではないかと思う。

藩の理性は、藩風とか、藩是《はんぜ》とか、ひいては藩主の家風ともいうべき家訓などで表されていた。

〔稲川明雄（本シリーズ『長岡藩』筆者）〕

諸侯▼江戸時代の大名。

知行所▼江戸時代の旗本が知行として与えられた土地。

足軽層▼足軽・中間・小者など。

伊東多三郎▼近世藩政史研究家。東京大学史料編纂所所長を務めた。

廃藩置県▼藩体制を解体する明治政府の政治改革。廃藩により全国は三府三〇二県となった。同年末には統廃合により三府七二県となった。

養浩館（旧御泉水屋敷）

✽足羽神社のシダレザクラ

福井城址　本丸

✽特別史跡一乗谷朝倉氏遺跡

福井城址　本丸の石段

✽＝福井県観光連盟提供

シリーズ藩物語

福井藩

目次

これも福井

第一章 始まりは藩祖結城秀康

父徳川家康の天下取りに大きく貢献し、〝制外の家〟として越前を経営。

1

波瀾に富んだ生涯

戦国の覇者を望む父家康の政略で豊臣秀吉の養子となり、豊臣家の事情で再度結城家へ。天下人となった家康の後継者となる弟秀忠が二代将軍となり、彼に臣従した。北国の雄として期待されていた秀康は、三十四歳を一期としてその生涯を閉じている。

於義丸と兄信康

結城秀康は幼名を於義丸《おぎまる》といった。天正二年（一五七四）四月、於義丸は浜松城主であった徳川家康の二男として、浜名湖畔浜松庄宇布見《うぶみ》村（現浜松市雄踏《ゆうとう》町《ちょう》）の郷士中村源左衛門屋敷で生まれている。母は永見吉英の娘お万の方（長勝院）であり、家康の正室築山《つきやま》殿からの迫害から逃れて於義丸を城外で生んだのであった。於義丸は、家康の家臣で「鬼作左」★といわれた本多重次の庇護のもとで養育されたのであり、中村は本多の代官であった。このように秀康の誕生は祝福されたものとはいえなかった。

秀康には十五歳年上の兄で、家康の嫡子であった信康がいた。於義丸三歳の折、岡崎城主であった信康は、父家康に認知されていない於義丸を不憫《ふびん》に思い、本多

▼鬼作左
本多重次の通称は作左衛門。戦場での勇猛果敢さとその豪放な性格から「鬼作左」の異名をとった。永禄末年頃、岡崎奉行を務めた。

重次と計って家康が岡崎城を訪問した機会をとらえて親子対面をさせようと画策した。『越藩史略』によると「神君公を膝上に安して其強健なるを賞し、短刀を賜て出て懇に重次に託した」とあり、晴れて父家康に認められたのである。弟思いの信康は当時十八歳であった。それから三年後の天正七年九月、信康は家康と同盟関係にあった織田信長から武田勝頼に通じているとの言い掛かりをつけられて自刃に追い込まれた。こうして於義丸が徳川家の嫡子となっている。ちなみに家康三男秀忠が生まれたのは天正七年四月のことであった。

豊臣秀吉の許へ

天正十二年（一五八四）、家康は豊臣秀吉と小牧・長久手において戦い勝利したが、和睦した。この時十一歳の於義丸が養子として大坂の秀吉の許へ遣わされた。養子は名目上のことで実質的に人質といえる。喜んだ秀吉は彼を元服させて秀康と名乗らせた。養父秀吉と実父家康の名から一字ずつ取り命名したもので、以後羽柴（豊臣）三河守《みかわのかみ》秀康と称している。秀吉は秀康に、河内国において一万石の領地を与えた。また、秀康は翌十三年従《じゅう》四位下《しいげ》権少将《ごんのしょうしょう》、同十六年には権中将といったような破格の昇進を遂げている。

秀康の初陣《ういじん》は十四歳、天正十五年のことであり、秀吉の島津追討に参加している。秀康は、蒲生氏郷《がもううじさと》・佐々成政《さっさなりまさ》といった名だたる武将を従えて筑前の岩石城《がんじゃくじょう》★を攻略する総大将であったが、秀康の到着前に既に落城していたことから無念のあまり涙ぐんだという逸話が伝えられている。十六歳の時の逸事では、秀吉が伏見城内の馬場で馬役《うまやく》の乗馬を観覧中、秀康も馬の訓練中であったが、馬役の一人に狼藉《ろうぜき》があったとして馬上から斬り捨てている。秀吉もその無礼打ちを止むなしとはしながらも、その激しい気性を持て余したといわれている。

結城家当主となる

天正十八年（一五九〇）七月五日、北条氏直《ほうじょううじなお》は秀吉に降伏、秀吉は接収した小田原城内において諸将に論功行賞《ろんこうこうしょう》を実施した。最大の恩賞を受けたのが徳川家康で、後北条氏★の旧領のすべての伊豆・相模《さがみ》・武蔵・上野《こうずけ》・上総《かずさ》・下総《しもふさ》を与えられたが、家康がこれまで自力で手中に収めてきた三河・遠江《とおとうみ》・駿河《するが》・甲斐・信濃《しなの》五カ国は収公された。いわば恩賞の名を借りた「左遷」ともいえるが、家康はそれに甘んじて関東の新領に移り、以後江戸を本拠としたのであった。

ところで、関東の豪族・領主たちはこれまで小田原北条氏の圧倒的な力で押さえ込まれていた。結城晴朝《はるとも》もその一人であったが、秀吉の北条氏征討に呼応して挙兵、小田原に出陣した。秀吉は北条氏の降伏後直ちに奥州諸大名の仕置《しおき》に着手し、

▼岩石城
城主は熊井備中。同城は筑前・筑後の境界に立地し、「九州咽喉の地」とされている。岩錯とも。

▼後北条氏
北条早雲（一四三二〜一五一九）に始まる戦国大名の北条氏。

七月二十六日には宇都宮に着陣している。その途次、秀吉は結城晴朝の屋形《やかた》★に立ち寄った。この時、晴朝は秀吉に養子の世話を懇請《こんせい》している。秀吉はそれに応じ、鎌倉以来の名族結城氏の跡目ならばと秀康の養子を約し、実父家康の承諾も得て結城家相続が決まった。

結城氏は藤原秀郷《ふじわらのひでさと》の後裔で、源頼朝の有力御家人結城朝光《ともみつ》が下総国結城★を本領として与えられたことに始まる名門であった。晴朝は、直ちに家督を秀康に譲るが、秀康は十七歳であった。秀康は秀吉から五万石の知行を安堵されたが、文禄三年（一五九四）前後に自ら実施した領内総検地で、その所領は十万一千石に倍増している。

家康の息子たち

秀康が結城家当主に迎えられた天正十八年（一五九〇）の時点で、家康には嫡子となった秀忠（十二歳）と忠吉（十一歳）・信吉（八歳）の三人の息子がいた。当時、家康の所領は後北条氏の旧領六カ国を中心に各地に散在する領地を含めると二百五十万石に及び、豊臣政権下では最大の大名であった。慶長元年（一五九六）には正二位《しょうにい》内大臣に昇進、五大老★の筆頭として揺るぎない地位を確保していた。

▼屋形
貴人や豪族の邸宅。館とも。

▼結城
現茨城県結城市。中世以来結城家がこの地方を支配。慶長五年、結城家十八代秀康が越前に移封された。

▼五大老
豊臣秀吉が五奉行の上に置いた老臣で政権の最高機関。徳川家康・前田利家・毛利輝元・上杉景勝・宇喜多秀家。

徳川家の総領となった秀忠は、天正十八年に従四位下侍従《じじゅう》となっているが、五歳年上の兄秀康の官職は左近衛少将《さこんえのしょうしょう》でかなり優位を保っていた。しかし、秀忠の官位と官職は同十九年に正四位下参議兼中将、翌文禄元年（一五九二）には従三位権中納言《ごんのちゅうなごん》と急速に昇進し、秀康の遠く及ばぬ地位に昇りつめていった。また、この年家康は忠吉に武蔵忍《おし》十二万石、信吉に下総佐倉十万石を与え大名に取り立てている。弟秀忠の後塵《こうじん》を拝することになった秀康が参議に到達したのは慶長二年（一五九七）のことである。

慶長五年九月、美濃国関ヶ原において東軍七万余と西軍八万余が雌雄を決する合戦が展開された。勝利者となった東軍の総帥徳川家康にとり、秀吉亡き後の政治体制を決定した文字通り天下分け目の合戦であった。

この戦いに参加した家康の息子たちは秀康・秀忠・忠吉の三人である。秀康は二十七歳、関東の留守を守る総大将として宇都宮城に入り、伊達政宗《だてまさむね》・最上義光《もがみよしみつ》ら奥州の諸大名と共に会津の上杉景勝を包囲し、南下を阻止したのであった。家康重臣の本多正信は、秀康に対し「武勇絶論、知謀淵深」としてその器量を高く評価している。合戦後、家康は秀康の功について「其方奥州表手強被押、関東静謐★」と讃え、恩賞として越前一国六十八万石を与えている。

一方、秀忠は徳川譜代の主力三万八〇〇〇の大軍を率いて中山道を進軍したが、その途次の信濃上田にて真田昌幸《さなだまさゆき》・幸村《ゆきむら》父子に進路を阻まれ、関ヶ原の決戦に間

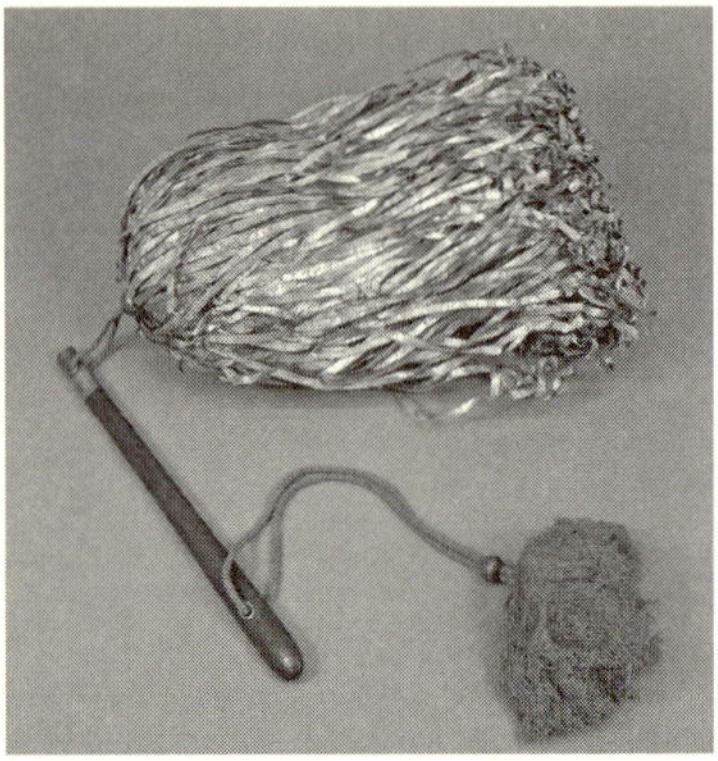
秀康が家康から与えられた采配
（『福井藩祖結城秀康』より／個人蔵）

▼「その方が奥州を強力に押さえてくれたので、関東は安泰であった」

に合わぬという大失態を演じた。そのことで徳川家の重臣間で秀康と対比して鼎《かなえ》の軽重《けいちょう》を問われた一幕もあった。

もう一人の松平忠吉は、父家康に従って東海道を進み、関ヶ原合戦では先鋒隊《せんぽうたい》に属して晴れがましく殊勲を挙げた。戦後、尾張清洲《きよす》六十二万石を与えられたのはその恩賞であった。

慶長八年二月、天下取りを成就《じょうじゅ》した家康は征夷大将軍となった。この時既に従二位権大納言であった秀忠は右近衛大将《うこんえのたいしょう》を兼務することになり、次期将軍に就任することが約束された。秀康はこの時従三位に叙せられている。秀康の最高の官職といえば、弟秀忠が将軍に就任した慶長十年に権中納言に昇進したことである。

当時の「公卿補任」によると、武家で参議以上の高官になっている者は八名に過ぎなかった。序列によって示すと最高位が前右大臣従一位徳川家康、次いで右大臣正二位豊臣秀頼と内大臣正二位徳川秀忠が並び、そのあと前権中納言従三位の上杉景勝と前田利長、権中納言従三位結城秀康が同列で、前参議従四位下の細川忠興《ただおき》・京極《きょうごく》高次が続いた。秀康は弟秀忠に比して遅れを取ってはいるが、領地高筆頭の前田利長や東北の雄上杉景勝と肩を並べていた。大名としての地位は極めて高かったのである。

結城秀康肖像
（運正寺蔵）

越前家は〝制外の家〟

秀康は、秀忠から兄として尊重され、他の大名とは異なる待遇を受けたため、越前家は〝制外の家〟とされていた。

慶長七年（一六〇二）春、秀康は越前拝領の礼を述べるために江戸へ赴いた。秀忠は鷹狩《たかがり》にかこつけて品川にて待ち合わせ、同道して江戸城に招じ入れている。滞在中は城内二の丸御殿を宿舎として厚遇された。また、江戸参勤で木曾路から関東に入るために碓氷の関に秀康の行列が差しかかった折の逸話も「制外」の事情をよく伝えている。関守《せきもり》が鉄砲隊を見咎めてその通行を制止したところ、秀康と承知の上で制するのであれば容赦しないと言い放った。恐れをなした関守が江戸に注進に及んだところ、それを聞いた家康が「それハ番人めらが人を知らずしての義なり、打殺されざるハ大キ成仕合なり」（『越叟夜話』）と、秀康が他の大名とは異なる特段の処遇を受けていたことを認めている。

慶長十年四月、秀忠が将軍に就任し、同年七月には秀康も権中納言に昇進した。この頃の秀康は病気勝ちで、秋には加賀白山麓《はくさんろく》の温泉で湯治をしている。

翌十一年三月には嫡男忠直が元服し、従四位下少将に叙任された。この年秀康は江戸城の普請《ふしん》★を命ぜられ、引き続き禁裏《きんり》普請の総督の任務を果たしている。同

▼普請
仏教用語で、大衆に請うて労役に服してもらうこと。転じて一般に土木・建築工事のことをいう。

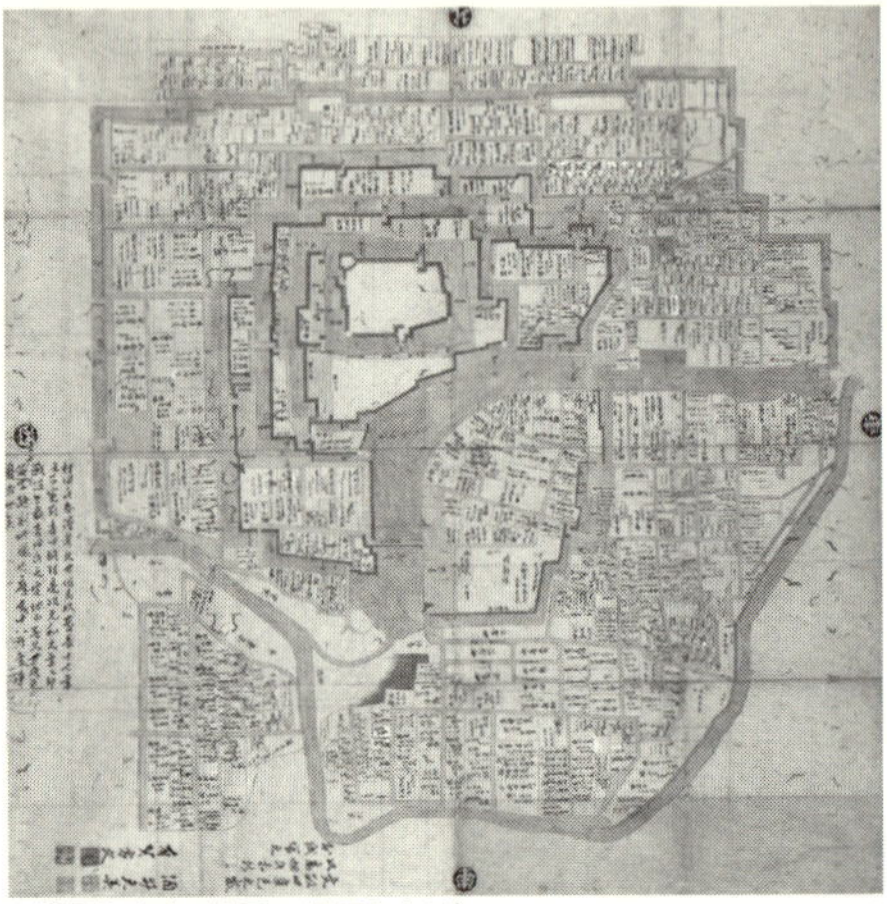

北庄家中図（慶長十八年頃）
（福井県立図書館保管／松平文庫蔵）
（『福井市史 絵図・地図』より）

年中には六年の歳月を要した福井城と城下町も完成した。十二年に入ると駿府城改築の助役の命を受け、本多富正《とみまさ》が派遣された。このように秀康は自らの城普請に加えて、相次ぐ幕府公役《くやく》を果たしていたのである。

慶長十二年二月、伏見の家康が駿府に帰り、秀康に伏見在番を命じた。だが、四月に入り秀康は病気が重くなり急遽帰国し、閏《うるう》四月八日に福井城中で死去した。享年三十四歳、長くもない生涯であった。

重臣の土屋昌春（大野城主、三万八千石）と永見長次《ながつぐ》（一万石）が殉死《じゅんし》★している。本多富正も駿府普請の任務を終え次第殉死の覚悟であったが、大御所家康と将軍秀忠からそれを禁ずる書状が富正宛に届いた。秀忠は後継者の忠直を補佐することこそが忠節であることを強調し、思いとどまらせている。

秀康は結城家の菩提寺である城下の孝顕寺に葬られた。孝顕寺は曹洞宗の寺院である。そのことを知った家康は、「徳川家は浄土宗であるのに本姓に復している秀康を曹洞宗の寺に葬るとは何ぞ」と老臣たちを咎めた。そこで急遽京都知恩院の満誉《まんよ》上人《しょうにん》を北庄に招き、浄光院を建立し改葬した。同寺はその後運正寺と改めている。なお、高野山には秀康の石廟があり、重要文化財に指定されている。

▼殉死
主君の死後臣下があとを追って自殺すること。江戸幕府は寛文三年（一六六三）に制度として禁止している。

秀忠からの殉死を禁ずる書状
（藤垣神社蔵）

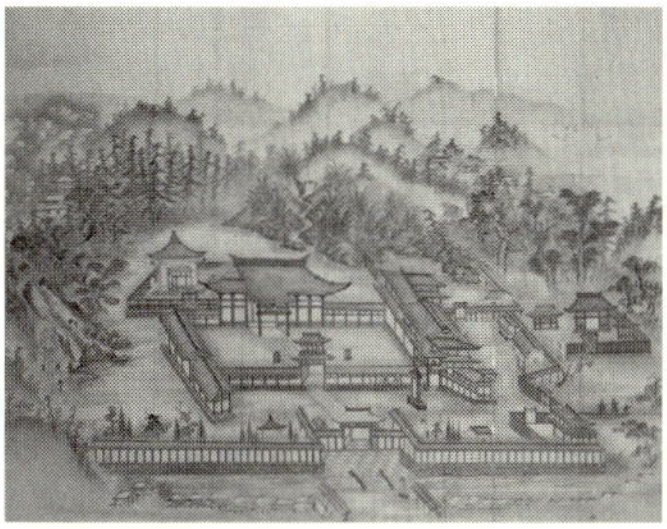

孝顕寺絵画
（『福井市史 資料編別巻 絵図・地図』より）
（福井県立図書館保管／松平文庫蔵）

高野山の結城秀康石廟
（写真＝国京克巳氏）

②第二位の大国・越前の経営

家康は外様の雄前田利長に対する布石として越前の支配を秀康に委ねた。

秀康は支城制を採用、領内枢要の地に九名の重臣を配置した。

領国の中心北庄には輪郭式の壮大な城郭が完成し、町方は二万五〇〇〇人の町人で賑わった。

「越前肝要之地」

関ヶ原戦後、覇権を確立した家康は、上杉景勝を押さえこむことで勝利に大きく貢献した秀康の功を讃え、彼に最大の恩賞である越前一国六十八万石を与えた。ところで、秀康の所領についてであるが、越前一国に加えて若狭《わかさ》と信濃の領知を加えた七十五万石とする説もある。しかし、ここでは慶長三年（一五九八）における越前の太閤検地高が六十八万石であることと、秀康の後継者忠直の軍役高★が六十八万石であったことからみて、秀康の所領は越前一国六十八万石であったとしておきたい。当時の有力大名の領知高をみると前田利長が百十九万石余、慶長十一年における島津家久の所領が六十一万九千石余、同年の伊達正宗は六十一万五千石を領有していた。したがって、石高順位でみると秀康は前田利長に次ぐ

▼軍役高
武士が主君に対し戦時において提供する軍事上の負担。江戸幕府は、大名に対し石高を基準に軍役を課している。

第二位の大国の領主であったといえる。

　秀康が越前を拝領したことに関連する逸話を紹介しておきたい。当時、武門において戦略的要地として「一播二越」と並称され、越前が重視されていた。播磨《はりま》が西国の要地、越前が北国《ほっこく》の要地とされたのである。家康は、秀康に「播磨か越前か望みの国を与えよう」といった。秀康がそのことを近臣たちと話題にしたところ、越前出身の長谷部采女（朝倉家旧臣）が越前は要害の土地柄であることに加え江戸にも遠からず、京にも近接していると賞揚《しょうよう》したことで秀康の御意《ぎょい》に叶ったという。

　家康が秀康に越前を与えたのは、領知高筆頭の北国の雄前田利長を牽制《けんせい》するための布石であったとも考えられる。のちのことだが、秀康の死去に際して重臣たちの殉死を思いとどまらせるために、家康が年寄中（家老）に与えた書状の中で「越前肝要之地」を強調し、越前を守ることが故人秀康への忠節であるとして殉死者には改易も止むなしとしている。家康政権にとって「越前」は戦略的要地であったのである。

　話が前後するが、越前拝領の時期に戻したい。東寺長者義演《とうじちょうじゃぎえん》★の日記において慶長五年十一月九日の条で秀康の「越前拝領云々」の記事が見え、関ヶ原戦後に無主《むしゅ》の地となっていた北庄城番の保科正光《ほしなまさみつ》が、同年十一月中に信州高遠《たかとう》二万五千石の城主となっている。

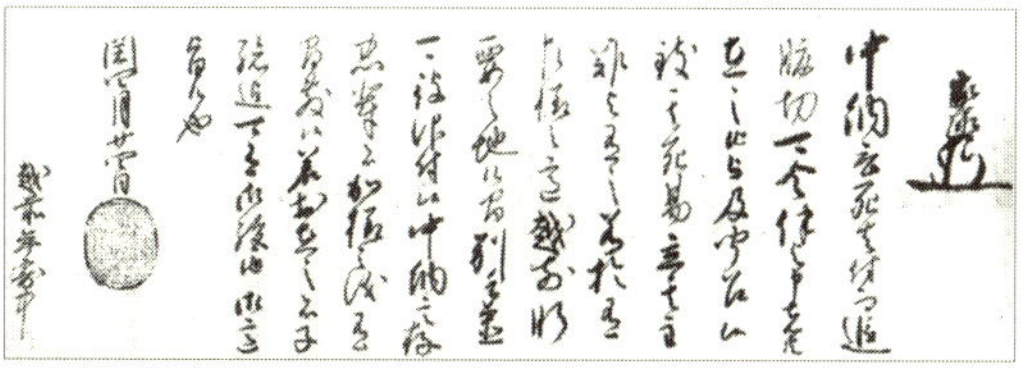

秀康死去の際、徳川家康が年寄中に送った書状
（藤垣神社蔵）

▼東寺長者義演
永禄元年（一五五八）生まれ。父は関白二条晴良。文禄三年（一五九四）東寺長者。寛永三年（一六二六）没。著作に『義演准后日記』。

以上のことからみて十一月には秀康の越前拝領が決まっていたようである。

翌慶長六年に入り、二月に先発隊として老臣本多富正が越前に派遣されている。秀康本人が越前に入国するのは七・八月頃であった。九月には積極的な領国経営に着手している。秀康が最初に実施したのは家中に対する知行割りで、九月九日付で四百九十人余の家臣に知行宛行状《ちぎょうあてがいじょう》を発給している。

〝支城制〟

秀康は領知高六十八万石のうち五十五万五千石を家中の給知《きゅうち》にあて、十二万五千石を蔵入地《くらいりち》★としている。領知の八割が家臣四百九十人余に分与されたのであった。また、以下に掲げたように〝支城制〟を採用し、秀康・忠直の時代には重臣の多くが領内枢要の地を与えられ、同地にその家来と常住することで領内警固の任務を果たしていたのである。

○本多伊豆守富正　三万九千石・南条郡府中
○土屋左馬助昌春　三万八千石・大野郡大野城
○多賀谷左近《たがやさこん》三経　三万二千石・坂井郡柿原
○今村掃部《かもん》盛次《もりつぐ》　二万五千石・坂井郡丸岡城
○山川讃岐朝貞《ともさだ》　一万七千石・吉田郡谷口（花谷）

▼**蔵入地**
藩の直轄領。したがって「蔵入分」といえば藩の米蔵に直接納入される米のこと。

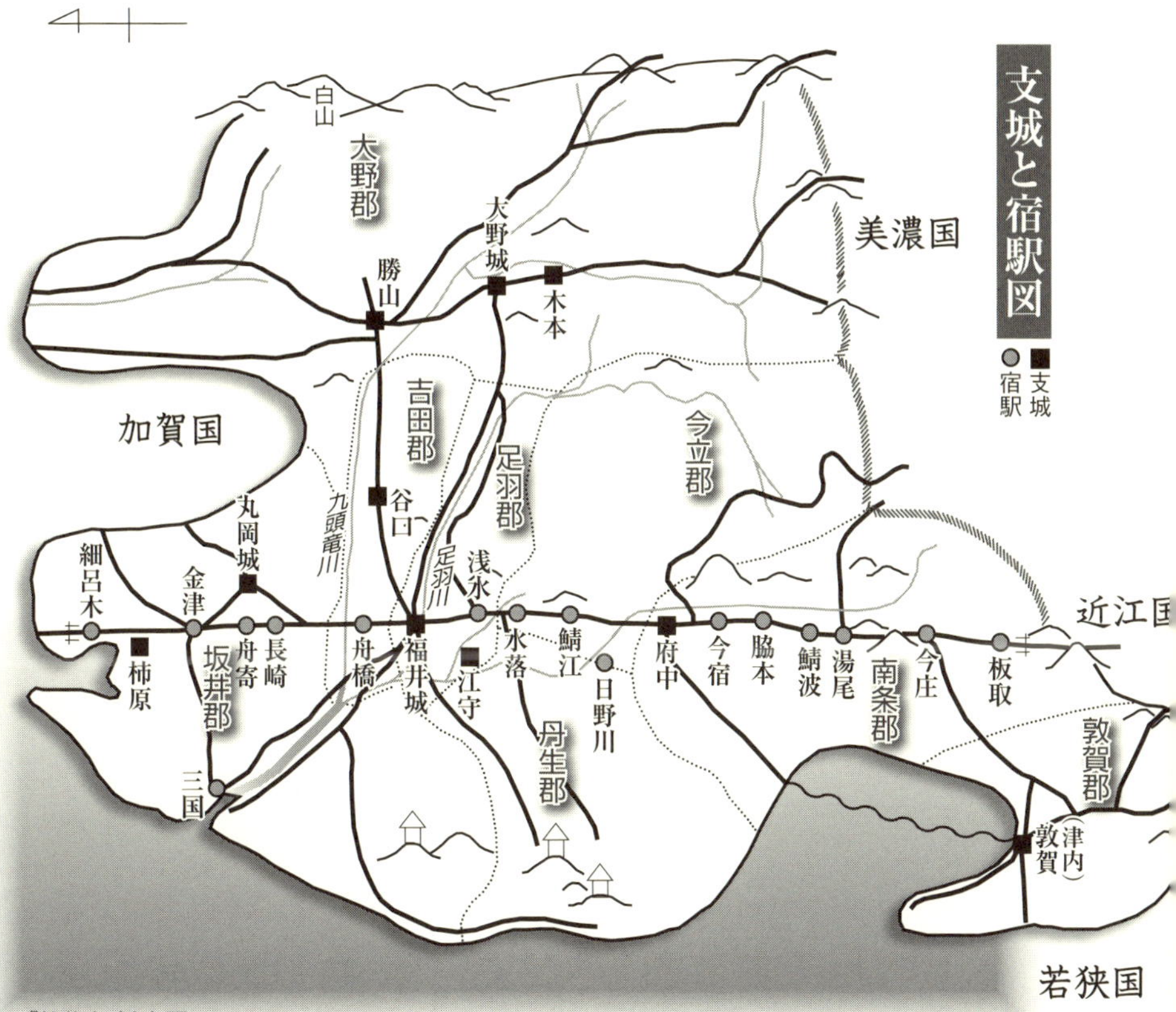
支城と宿駅図
支城
宿駅
白山
大野郡
美濃国
大野城
勝山
木本
吉田郡
今立郡
加賀国
足羽郡
谷口
丸岡城
九頭竜川
細呂木
金津
足羽川
浅水
近江国
長崎
舟寄
舟橋
福井城
水落
鯖江
府中
今宿
脇本
鯖波
湯尾
今庄
板取
柿原
坂井郡
江守
日野川
南条郡
丹生郡
敦賀郡
三国
敦賀（津内）
若狭国
『越藩史略』参照

○吉田修理好寛　一万四千石・足羽《あすわ》郡南江守
○清水丹後孝正　一万一千石・敦賀《つるが》郡津内
○林伊賀定正　九千八百四十石・大野郡勝山
○加藤四郎兵衛康寛　五千石・大野郡木本

前掲の支城主の具体相を理解するために関係史料の豊富な多賀谷左近三経の事例を取り上げておこう（多賀谷繁太郎家文書『福井市史　資料編4』）。

多賀谷家は元来結城家の重臣で、常陸下妻《ひたちしもつま》城主であった。戦国期の当主重経《しげつね》は結城氏と対立して自立化し、北関東の戦国大名として活躍、一時は主家を凌《しの》ぎ十四万石を領有していた。

重経は関ヶ原戦で西軍に属したことから改易となり、下妻城は破壊された。重経嫡子三経は天正十九年（一五九一）より結城秀康に臣従《しんじゅう》し、慶長五年（一六〇〇）秀康の越前移封《いほう》によって坂井郡内で三万石を拝領、同九年には二千石加増されている。その支配地域は加賀国境の細呂木村・吉崎浦から九頭竜川流域にいたり、その支配の中心部に立地する柿原（現あわら市）に居館《きょかん》を設けていた。

支城主のほかにも万石以上の高禄の士として永見右衛門一万五千石・久世但馬《たじま》一万石・江口石見《いわみ》一万石・落合主膳《しゅぜん》一万石がいる。万石級以上一一名の知行高合計は実に二十二万石余にも及び、秀康の領知高の三割余を占めていたが、これは他藩に例をみないものである。ここに全国から秀れた武将を集めようとした秀康の姿勢がうかがえる。

北陸街道と福井藩

領域支配を進めるため、将軍や諸大名により運輸・通信・休泊の諸機能を果たす宿駅制の整備が急がれた。徳川家康は関ヶ原戦の翌年に当たる慶長六年（一六〇一）には東海道と中山道の宿駅を整備している。

結城秀康も翌七年三月には越前国内の北陸街道に一五の宿駅を設け、三カ条の「伝馬人足定書」を出している。その定書《さだめがき》には秀康の署名と黒印が捺印《なついん》されており、その黒印を押した伝馬・人足の各切手を所持する者に限り人・馬の継立《つぎた》て★を命じている。近江国境から加賀国境に至る一五の宿駅名と課せられた駅馬数を示すと次の通りである。ちなみに近江国境に近い、板取宿《いたどりしゅく》から加賀国境に接する細呂木宿までの里程は約一八里であった。

板取（18）・今庄（24）・湯尾（20）・鯖波（7）・脇本（11）・今宿（8）・府中（25）・鯖江（16）・水落（10）・浅水（9）・福井〈北庄〉（32）・舟橋（6）・舟寄（17、一カ月のうち十日は長崎に交代）・金津（30）・細呂木（17）（（ ）内は駅馬数）。

近江国境の板取と加賀国境の細呂木両駅には口留番所《くちとめばんしょ》（関所）が設けられ、藩の役人が常駐して旅人の出入りの監視や、藩外に移出を認められた諸産物の点検

▼継立て
宿継ともいう。人馬を継ぎかえて宿場から宿場へと人や荷物を送ること。

京阪街道一覧／部分（福井から浅水へ）
（福井市立郷土歴史博物館蔵）

と口銭の徴収を行っていたのである。

本丸界隈

慶長十一年（一六〇六）、「北庄御城……今年悉御成就」（「家譜★」）とあり、壮大な城郭が完成したことを伝えている。加賀・能登・越中三国百十九万石を領有する外様の雄前田氏に対する布石として北庄城は建設された。右の史料には「御本丸・二ノ丸ハ神君御指図之御縄★」と記録されている。城普請の中核が父徳川家康の指図に基づくものであったとすれば、それはまさしく天下普請であったともいえる。

北庄は、寛永元年（一六二四）に秀康二男の松平忠昌によって福居（井）に改められた。そこで本稿では城名と城下町は「福井」を用いることにしたい。

平城の福井城は、本丸を中心に複雑に堀をめぐらした輪郭式★の形式で築かれていた。その城郭は、外堀と足羽川・荒川の両河川で囲まれている。その外堀は、西は現在の片町通りに沿い、北は神明神社と松ヶ枝公園（宝永一丁目）を結ぶ線上にある。西側の外堀には、本町通りと交わる地点に桜御門、さくら通りとの接点に柳御門が位置し、桜御門は「大馬出《おおうまだし》」ともいわれて大手★に当たっていた。

本丸の周囲にめぐらされた堀のうちで最も大きくて深かったのが東南側の百間

▼家譜
福井藩では世譜局を設け、家史の編集を行った。廃藩後も松平家が事業を継続し、「家譜」として全二七二巻にまとめられた。

▼縄
「縄入れ」のこと。間縄で地積を測量すること。検地。なお間縄は一間ごとに目盛りをつけた縄のこと。

▼輪郭式
曲輪《くるわ》配置の典型で、中心部の本丸を曲輪が二重・三重に囲む形式。環郭式ともいう。

▼大手
城の正面。城の表門。

本丸界隈図

①福井駅　②福井西武　③福井放送会館
④佐佳枝神社　⑤呉服町通り　⑥県庁
⑦福井市立郷土歴史博物館　⑧神明神社
⑨柴田神社　⑩進明中学校　⑪松ヶ枝公園

『福井市史　資料編1』参照

堀であり、その最大幅は七五メートルであった。それは現在のＪＲ福井駅前一帯に広がっていたが、その一部は昭和十年代にも残存していたので、古老の記憶にもとどめられている。

城内への入り口には下馬御門《げばごもん》があり（福井西武付近）、馬上で出勤の武士はここで馬を降りた。さらに進むと駕籠登城の上級武士が下乗する太鼓御門（福井放送会館付近）に至った。ここから本丸までは身分の高低にかかわりなく、すべての藩士が徒歩《とほ》で登城したのであった。

本丸といえばその象徴は天守閣である。秀康の築いた四重五階の天守は、天守台も含めた高さが約四〇メートルの雄大なものであった。しかし、寛文九年（一六六九）の大火で焼失、その後再建は許されなかった。以後本丸の偉容をからくも保ったのは、正面に当たる東南隅（巽《たつみ》）と西南隅（坤《ひつじさる》）の両三重櫓であった。

本丸内には総床面積一千坪余の広大な屋敷があった。この本丸御殿の「表」には政庁や儀式の空間である大広間などがあり、「中奥《なかおく》」と称する藩主の住居部分や「奥向《おくむき》」には女官の詰め所など多くの部屋があった。その「奥向」の建物二棟が菩提寺の瑞源寺（足羽五丁目）の本堂・書院として城外に移設（一〇四頁参照）され、県指定文化財として現存している。

福井城の本丸城址はその規模が大きく、石垣・堀ともに往時の景観をよくとどめている。それは大名級の本丸城址としては最大規模のものといっても過言では

巽・坤の三重櫓（『福井城旧景』より）
（福井市立郷土歴史博物館蔵）

百間堀（『写真で見る順化地区史』より）

ないであろう。

整然たる城下町

福井城下は、足羽川に架橋《かきょう》された城下唯一の橋であった九十九橋《つくもばし》を挟み、橋北と橋南の二つの地区に分かれていた。小高い足羽山の麓の橋南は、北陸街道に面した町屋と広大な寺町が大部分で、武家地はわずかであった。それに対して橋北には広大な城郭が武家地として占有され、町家は城郭に沿って屈曲する北陸街道沿いに展開しているだけであった。橋南は歴史の古さにもかかわらず、新市街として発展した橋北に繁栄を奪われていった。

橋北の町方の中心部といえば、外郭の桜御門（大馬出）や柳御門に接した西部の地域である。桜御門を出ると本町の町家が軒を連ね、九十九橋北詰で京町と接していた。慶長末（一六一二年頃）のこの界隈を描いた「北庄四ッ割図」（『福井市史　絵図・地図』）によると、城下町西部の町家一帯には三一カ町に一〇八一戸の町人が居住していた。本図にはその町人の名と屋敷地の規模（間口・奥行）が洩れなく記されている。その町名の中には前掲の本町・京町の他に伝馬町・米町・呉服町・長者町などの名がみえ、この地域が城下町の中枢を占めていたことがうかがえる。大手に当たる本町は五二軒で、道路を隔て二六軒ずつが櫛比《しっぴ》していた。

各戸の間口は七間★余の大店《おおだな》も数軒あるが多くは四間である。四ッ割図全体からみると、四間未満の間口の店が圧倒的に多く、ところどころに間口七間から一〇間の富有の家がみえる。

慶長年間の記録（『稿本福井市史』）によると福井城下における町方の戸口は五一三一戸・二万五二三一人であった。この数字から推して、上述の城下町西部の戸数は他の地域に比して集中度が高かったようである。

町方の外側、つまり城下町の外縁部には、都市を防衛するかのように下級武士の組長屋と寺院が配置されていた。広々とした寺院の境内地は一朝有事《いっちょうゆうじ》に際して要塞化したのであろう。最上層の重臣の下屋《しもや》敷《しき》★も周辺部に置かれていた。

福井城下の町方戸口であるが、十八世紀の事例をみると寛延三年（一七五〇）で五三八二戸の二万四五二人で（「家譜」）、前掲の慶長末の戸口に比して戸数は微増ながら人口がかなり減少している。城下には武家人口もあるので、それを含めた事例をみると、弘化四年（一八四七）で福井城下の武家人口が一万二千人余、町方人口二万二六九人を加えると総数において城下の人口は三万二千二百六十人余となるのである。

▼間
長さの単位。一間は六尺（約一・八一メートル）。

▼下屋敷
家老・城代が選任される家格の高知席一七家のうちで九家が下屋敷を有していた。

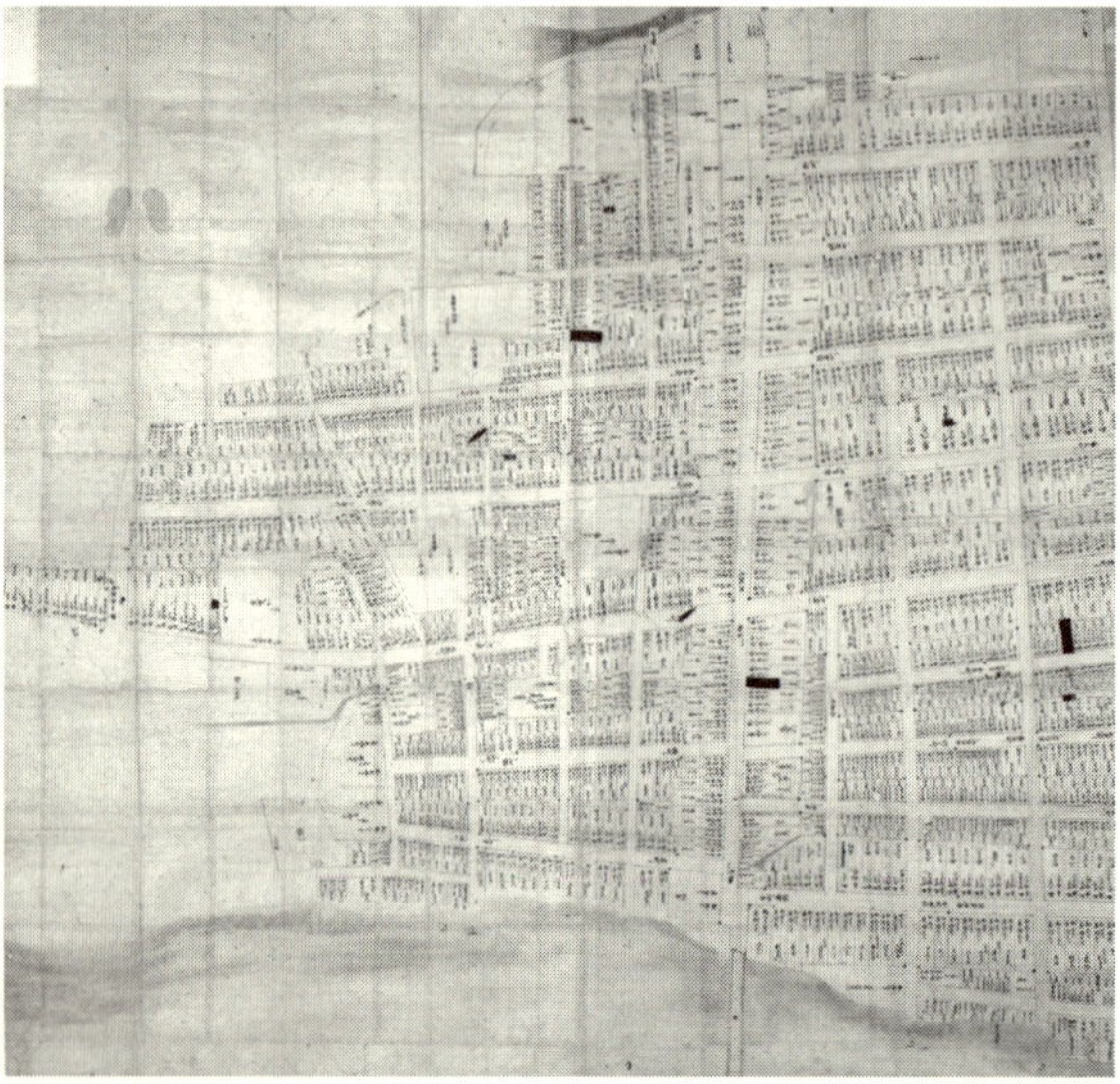
「北庄四ッ割図（部分）」
（福井県立図書館保管／松平文庫蔵）

③

藩政初期の家臣団と領内産業

秀康の家臣団は結城の小領主から越前の国主に転じたことでその規模が激変している。産業についてみると北庄においては絹・布の評価が高く、石材の需要が拡大していった。越前国内では越前和紙と越前打刃物が福井藩の主産業として知られていた。

結城時代の秀康家臣

天正十八年（一五九〇）、秀康は養父豊臣秀吉の命ずるままに結城家を相続し、これまで苦楽を共にした近臣を伴い結城家の人となった。秀吉が差し添えた者もいたが、多くは実父家康が付人《つけびと》とした三河出身の徳川家中の者であり、本多富正や清水丹後が奉行人として秀康を支えていた。結城入部の頃、本多の知行は二百石であったが、慶長五年（一六〇〇）では加増を重ねて三千石になっている。

結城譜代の家臣には、天正十八年九月に秀吉から領知安堵の朱印状を与えられた山川讃岐守（晴重）と多賀谷安芸守（政広）がいた。山川・多賀谷に岩上・水谷両家を加えて結城四天王と呼ばれていたが、彼らは当時半独立的な領主でもあった。

秀康が結城に入部した頃の領知高は五万石であったが、文禄三年（一五九四）前後にかけて領内総検地（太閤検地）を実施し、その打出高は十万一千石となり、秀康の所領は倍増した。秀康は領知高の急増に見合うように家臣団の強化を図り、近隣の浪人化した旧領主層とその家臣、あるいは北条・武田の旧臣を積極的に召し抱えている。一例を挙げれば武田滅亡後徳川家に服属した加藤康寛（芦田信蕃二男）は家康から上野・武蔵両国で所領を与えられていたが、慶長五年、故《ゆえ》あって蟄居《ちっきょ》し、その直後徳川家を去って上杉景勝と対陣中の秀康に召し抱えられている。

福井藩成立後の家臣団

慶長五年（一六〇〇）九月、関ヶ原戦に大勝した家康は、東軍の諸将に論功行賞で報い、その最大の恩賞を与えられたのが結城秀康であった。同年十一月頃までには越前一国六十八万石の主となっている。

北陸の要地に移された秀康は、領国支配の強化を図るために家臣団を増強した。当時の侍帳である「結城秀康給帳」によってその家臣の規模がうかがえる。家臣団の中核であった知行取は四九七人で、その知行高の合計は五十五万五千石であった。蔵入地は十二万五千石に過ぎず、領知の八割が家臣に分与され、全国から武功の士を集めたのである。『徳川実紀』に「秀康卿人物を好み勇士を愛し給う

武人姿の秀康肖像
（龍泉寺蔵）

事なみなみならず……聘を厚くし禄を重くして招給ひしほどに諸家を退身せし勇士など山のごとく越府にあつまれり」とあり、その事情を伝えている。「給帳」の最上位には一万石以上の大名級家臣一一名が名を連ね、一千石未満で三百石以上の中堅層が四割を占めていた。惜しみなく禄を与えて各地から勇士を集めていた模様が「給帳」からもうかがえるのである。

この秀康給帳にみえる家臣の名前の肩には、その出身地を示す「本国」名か「生国」名が付記されている。それによると四九七名の出身地は三一カ国に及んでおり、東海や関東に集中し、近畿以西に乏しいことがわかる。際立って多い地域は三河・遠江であり、徳川家旧臣に片寄っていることが特色といえる。とりわけ三河出身者は人数が七八名と突出して多く、そのうち二五名は知行千石以上の高禄者であった。万石以上が四名おり、本多伊豆守（三万九千石）・今村掃部（二万五千石）・永見右衛門（一万五千石）・清水丹後（一万一千石）が三河出身であって筆頭の本多でも結城時代は三千石でしかなかったのである。

一方、結城譜代の出身地である下野・常陸・下総の出身者は低迷していた。下野の出身者は六五名で遠江の五〇名を上回るが、千石以上の高禄者は九名に過ぎないのである。常陸は八名、下総に至っては二名でしかない。ちなみに結城譜代の高禄者を掲げると多賀谷左近（下総）三万二千石・山川讃岐（下総）一万七千石・岩上左京（下野）四千石・太田安房（常陸）三千石・多賀谷権太夫（下野）

二千五十石・水谷兵部（下野）千石などがおり、「結城四天王」（多賀谷・山川・水谷・岩上）といわれた名家がからくもその名をとどめている。

前掲の結城譜代のうちの両多賀谷について補足しておきたい。権太夫の父多賀谷安芸守（政広）は結城晴朝の重臣で、天正十八年（一五九〇）に豊臣秀吉より知行二千五十石の領知安堵状を与えられていた。嫡子権太夫（村広）は父の知行を継承して土浦城代の要職を果たしていたが、秀康の越前移封に当たっても加増はなく二千五十石のままであった。多賀谷権太夫の従兄であった多賀谷左近（三経）は三万二千石の大身で本多富正に比肩し得る立場であるが、彼の父多賀谷修理大夫（重経）は常陸下妻城主で六万石を領有していた（慶長六年改易）。左近は早くに父と離れて秀康に臣従して、重臣として認められた。それにしても父の領知高に比すればとりわけ優遇されているともいえないだろう。

結城旧臣の高禄者についてみてきたが、前述の「下野」出身者六五人のうち四七人は二百石以下の知行に甘んじていたことも付け加えておきたい。

秀康の家臣団は越前移封を契機として結城色が払拭《ふっしょく》され、徳川氏親藩としての特色が鮮明になったといえるのである。

北庄の主産業

寛永十五年（一六三八）成立の俳諧書『毛吹草』に全国の特産品が記されているが、越前では北庄の絹・布や切石（笏谷石《しゃくだにいし》）、今立郡《いまだてぐん》五箇《ごか》（現越前市今立）の和紙などがみえる。福井藩領内の特産物について近世の概況をうかがっていく。

戦国末の北庄において中国産の生糸を用いて絹織物が生産されていたが、それを統轄していたのが豪商の橘《たちばな》家《け》であった。当地で生産された品は朝廷や幕府で重用され、広く贈答品として利用され全国に知られていた。

慶長六年（一六〇一）八月一日、初入国直後の結城秀康は、城下を見下ろす足羽山山頂において町人代表から「羽綿」の献上を受けている。このことが恒例となり、毎年町人から「八朔《はっさく》綿」が献上されたのである。この挿話は北庄が絹織物の産地であったことをうかがわせるものである。この「綿」であるが、当時、木《も》綿《めん》はまだ普及していなかったので、蚕《かいこ》からとる絹綿（真綿）を指しているのであろう。

越前の絹織物はその後低迷し、十八世紀に入ると近隣の加賀・丹後の進出で後退を余儀なくされたのであった。

福井城下に接する足羽山は、当時愛宕山《あたごやま》と呼ばれて親しまれていた。この山から産出する凝灰岩《ぎょうかいがん》の「北庄切石《きたのしょうきりいし》」は青緑色で美しく、加工が容易なことから多用されて、産地名から「笏谷石」と称された。

五世紀において既に地方豪族の石棺《せっかん》に用いられおり、十六世紀以降その需用が急速に拡大し、近世に入ると越前国内にとどまらず、北前船《きたまえせん》で日本海沿岸各地に販路を広げていった。戦国期朝倉遺跡に遺存する無数の石仏や福井城の石垣、庶民の生活用具であった石臼や竈《かまど》、墓石など大量に残存している。

江戸期において福井藩から公認された採掘権を「間歩《まぶ》」と称した。採掘のための坑道を間歩といっていたことによる。石間歩は重臣八家と山麓石坂町の町人がその特権を有していた。その町人は戦国末以来の石屋の子孫である。

福井城下の成立期に柴田勝家から間歩を許された石屋は二一人で、伝存する天明二年（一七八二）の史料で二八名、石工の集団はほぼ固定していたといえよう。石屋を統轄していたのは木戸家で石工たちは惣代一人・十人頭三人・石庄屋一人の五人体制で石材の生産から販売までを組織的に行っていた。

切石は足羽山麓と足羽川の接点に当たる「間歩河戸《こうど》」から搬出され、石積船で川を下り河口の三国湊《みくに》に運ばれた。三国には笏谷石を独占的に扱う問屋が三軒あり、北前船に積みかえられて全国に運送されたのである。なお、三国湊では福井藩の運上所が流通税として販売額の二パーセントを徴収していた。

笏谷間歩検地図
足羽山の北西部「笏谷」における重臣八家と町人(石工)の間歩が描かれた図。絵図下部の足羽川沿いに民家が描かれ、川沿いの右端に舟に切石を積みこむ間歩河戸も描かれている
（福井市立郷土歴史博物館蔵）

越前和紙

正徳五年（一七一五）の『和漢三才図会』で「紙の王と呼ぶにふさわしい紙」

の産地とされているのが今立郡の五箇である。岩本・大滝・定友《さだとも》・不老《おいず》・新在家《しんざいけ》の今立郡五村は専業の漉《す》き屋が集中する農村である。

大滝村に居住する三田村家は、中世末以来五箇《ごか》紙の生産・販売を統制する元締めであって、慶長六年（一六〇一）九月には福井藩主結城秀康から大滝紙屋三田村掃部宛に奉書紙職の黒印状を与えられている。三田村家は福井藩内における御紙屋の筆頭であった。その上幕府へ用紙を納入する唯一の家でもあった。延宝六年（一六七八）、福井藩では藩において必要な紙の漉き立てを、三田村和泉を筆頭に近江（高橋）・山城（清水）・河内（加藤）に命じており、この四人が御紙屋と呼ばれて〝諸紙改め〟の特権を掌握していた。

生産された和紙は、「越前奉書★」として奉書の評価がことに高いが、鳥子《とりのこ》紙・檀紙《だんし》など多様な紙が漉き上げられている。ことに楮《こうぞ》七割・雁皮《がんぴ》三割で漉かれた札紙に特色がみられる。福井藩は、寛文元年（一六六一）全国に先駆け藩札を発行したが、その料紙として五箇の和紙が用いられた。また、明治政府による太政官札の料紙も、明治元年（一八六八）三月に五箇で漉かれたものであった。

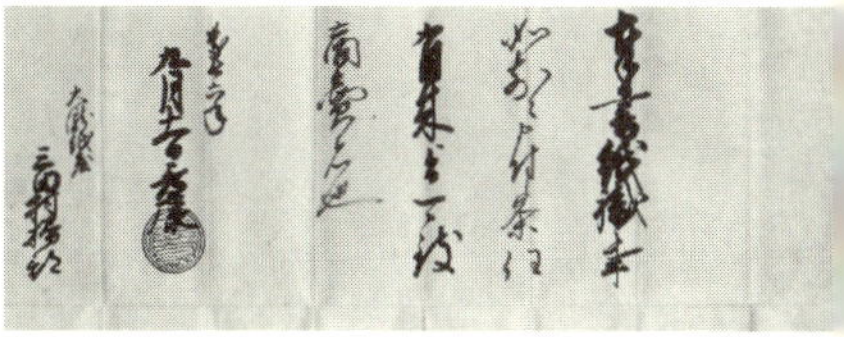
結城秀康から三田村掃部に宛てられた黒印状（折紙）
（今立町歴史民俗資料館蔵）

▼奉書
奉書紙。楮を原料とする厚手で純白の高級紙。越前五箇産出のものが有名。

紙を漉く図
（『図説 福井県史』より）

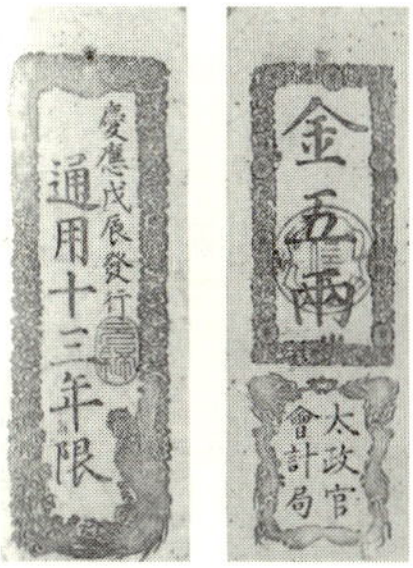

太政官札
（福井銀行資料館蔵）

越前打刃物

越前打刃物《うちはもの》は、近世において福井藩家臣団の筆頭本多氏の陣屋★所在地府中（現越前市武生）で盛んに行われていた。府中は元来越前の国府の所在地で細工所があり、鍛冶《かじ》の技術が後世にまで伝えられたようである。十四世紀中頃、京より千代鶴と称する刀工が府中に来住して鎌の鍛造にも成果をあげ、府中を「越前鎌」の発祥の地にしたといわれている。

記録によると延享期（一七四四〜四八）に鎌・菜刀の製造にかかわる鍛冶職が二七軒あり、幕末の慶応二年（一八六六）で一二九軒に増大している。慶応期、福井藩産物の課税では鎌・菜刀八〇万七〇〇〇丁に永★三貫七五〇文とあり、その生産高からみて越前打刃物は全国における首位にあったことがうかがえる。

近世において越前鎌が全国に急速に普及したのには、鎌行商人の努力に負うところが大きかった。越前は漆器の産地でもあり、府中近辺から漆掻き職人が全国に進出していたが、彼らの中から鎌行商人に転職する者が増大し、鎌の販路が拡大していったのである。転職の動機は、鎌の行商が漆掻きよりも労働が軽易で、収入も多かったことにあったようである。

▼陣屋
本多氏は福井藩士の中で唯一領地の府中に館舎を設けた。

▼永
銭《ぜに》の異称。

打刃物製造絵図
（松井武助氏蔵）

これも福井

お国自慢
これぞ福井の酒

福井市自慢の酒をちょっとだけ紹介

酒造りの原点は水。母なる川・九頭竜川水系の水は天下の名水で、その澄み切った水と全国有数の良質な酒造米が育む地酒は芸術品。

常山 純米超辛

常山酒造合資会社
TEL0776-22-1541

黒龍 しずく

黒龍酒造株式会社
TEL0776-61-0038

白龍 大吟醸

吉田酒造有限会社
TEL0776-64-2015

福千歳 山廃純米 ひやおろし

田嶋酒造株式会社
TEL0776-36-3385

菊桂 本醸造

菊桂酒造合名会社
TEL0776-24-1370

白岳仙 袋絞り本醸造

安本酒造有限会社
TEL0776-41-0011

北の庄 大吟 匠

舟木酒造合資会社
TEL0776-54-2323

月丸 大吟醸

西岡河村酒造株式会社
TEL0776-98-5166

雲乃井 福雲

株式会社吉田金右衛門商店
TEL0776-83-1166

天下取 純米

池田酒造株式会社
TEL0776-37-1005

舞美人 本醸造

美川酒造場
TEL0776-41-1002

越の鷹 上撰

伊藤酒造合資会社
TEL0776-59-1018

明乃鶴 上撰

力泉酒造有限会社
TEL0776-59-1046

越前岬 大吟醸

田辺酒造有限会社
TEL0776-61-0029

越の磯 寒仕込 本醸造

株式会社越の磯
TEL0776-22-7711

越の桂月

毛利酒造合資会社
TEL0776-41-0020

これも福井

お国自慢

福井の名物・食べ物

福井市には、豊かな自然と大地に育まれた山の幸と厳しい日本海がもたらしてくれる海の幸がある。また、人々の知恵が生み出した郷土の味もある。代表的なものを紹介したい。

（写真提供＝福井県観光連盟）

コシヒカリ

「コシヒカリ」というと新潟県の名をあげる人が多いが、実は昭和二十八年（一九五三）に福井県農業試験場が初めて品種改良に成功し、同三十一年に農林百号として品種登録している。

花らっきょう

三里浜砂丘地帯で、全国唯一の三年掘りらっきょうとして収穫される。小粒で実が締まり歯切れのよさが特徴である。

越前がに

雄はズワイガニ、雌は小振りでセイコガニと呼ばれる。解禁は十一月上旬。

甘えび

越前ガニと共に冬の味覚の王者である。甘さとなめらかさが最高。

もみわかめ

海から水揚げした後、よく干して細かく砕き瓶詰めにした逸品。温かいご飯に振り掛けて食べるのが最高。

越前うに

日本海で獲れた新鮮なうにの卵巣を秘伝の技で塩漬けし、よく練ったもの。福井でしか楽しむことができない逸品。

水羊かん

黒砂糖のほのかな甘さと小豆のとろけるような舌ざわりが特色で、福井の冬の味を代表するもの。

羽二重餅

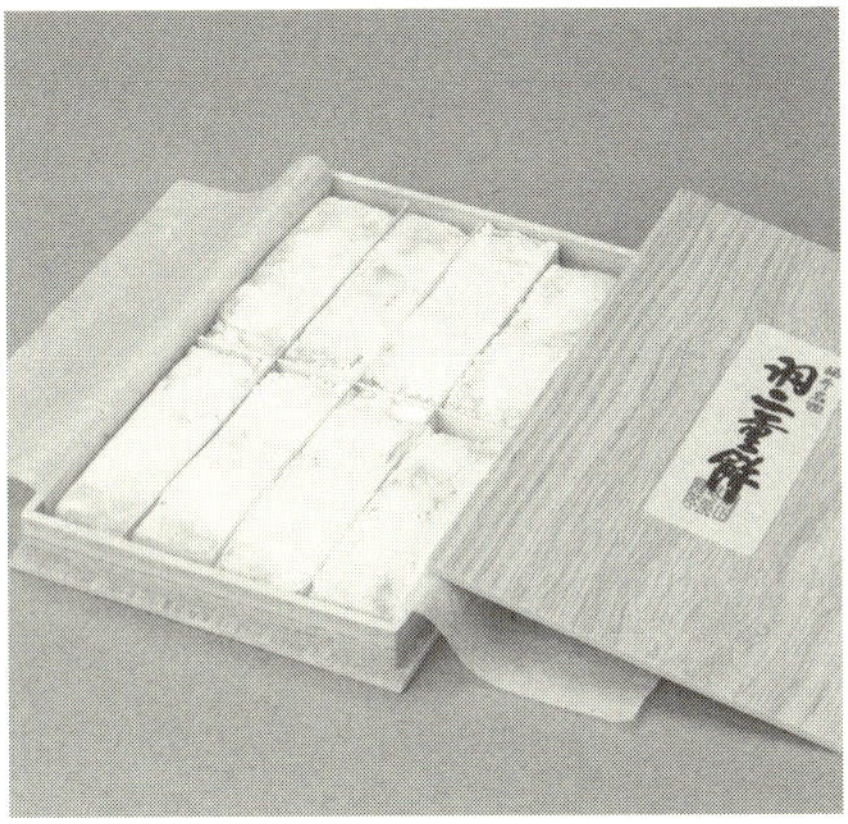

羽二重のような濃《こま》やかな食感が人気の、北陸を代表する銘菓。もち米、砂糖、水あめというシンプルな材料ながら、時間をかけて練り上げた職人技ならではの逸品。

越前おろしそば

そのルーツは四百年ほど前まで辿ることができるといわれる。挽きたて・打ちたて・茹でたての三つの「たて」が手打ちの真髄で、そばと辛味の利いた大根おろしの薬味による素朴な味わいが楽しめる。

ソースカツ丼

福井でしか味わえない丼。秘伝のソースとサクッと揚がった厚みのあるカツが口の中で絶妙な味を出している。

たくあんの煮たの

たくわん漬けを軽く塩抜きし煮て食べる家庭料理。酒のつまみやご飯のおかずにピッタリの福井独特の料理。

④

松平忠直の激動の果て

大坂の陣で活躍が目覚ましかった忠直への加増はなく、
将軍家への不満が高まる。また、「越前騒動」が起き秀康の重臣が多く追放された。
暴君化していく二代藩主忠直は、ついに豊後国へと配流されてしまう。

忠直襲封と越前騒動

慶長十二年（一六〇七）閏四月、松平忠直は越前一国六十八万石の太守となった、時に十三歳。父結城秀康が三十四歳の男盛りで死去したからである。少年忠直は労せずして北国の要衝越前一国を掌中に収めたのである。

元服した彼は叔父である将軍秀忠の一字を与えられて忠直と名乗り、従四位下少将という高い官位も得た。同十六年九月には秀忠の三女勝姫を正室に迎え、順風満帆の人生航路を出発した。たまたま江戸滞在中であったイスパニアの海軍軍人で探検家でもあるビスカイノは、越前に向かう四〇〇〇人超の輿入れの大行列を目撃し、その盛大さに驚いた印象を、見聞記『ビスカイノ金銀島探検報告』に書き残している。

ところが、やがて青年藩主の力量が試される大きな事件が相次いで起きた。家中を二分した争乱「越前騒動」と豊臣家の命脈を断った「大坂の陣」がそれである。いずれも忠直にとって深刻な試練となった。忠直とのかかわりに絞ってその概略をまとめてみたい。

越前騒動は、騒乱の中心人物であった久世但馬の名を借りて「久世騒動」ともいわれるが、藩の命運にもかかわる大事件であった。事の発端《ほったん》は、上級武士の知行所をめぐる紛争であった。久世但馬という一万石を領有する武勲の士と、町奉行の要職にあった一千七百石の岡部自休両名の、知行所にかかわる百姓殺人事件が発生、その犯人逮捕をめぐり両者は激しく対立した。その波紋は意外な方向に大きく広がっていったのである。

当時、藩内において府中（現越前市武生）領主本多伊豆守富正と丸岡城主今村掃部盛次の両家老が勢力を競っていた。久世は本多の与党であり、岡部は今村の庇護を受けていた。本多は、秀康が豊臣家の養子となった時以来の付人で、主君秀康から深く信頼されていた功臣である。一方、今村は政治手腕に卓越し、巧みに先輩の本多を凌駕《りょうが》し、藩政の実権を手中に収めていった。今村に対する忠直の信任は厚かった。

家臣団を二分する藩内騒動が表面化したのは慶長十六年のことであった。同年は前述のように将軍秀忠の姫君を忠直正室として福井に迎えたその年に当たる。

こともあろうに、将軍家にかかわる慶事が挙行された折に不祥事が重なり、祖父家康や叔父秀忠の不興を買った。それは福井藩の存立すら脅かす事件の様相を呈していった。その結果は、久世の切腹で決着を図ろうとしたが、彼は武士の意気《いく》地《じ》を貫き通し、一族郎党邸内に立て籠もり城下を揺るがす争乱の中で自滅した。

この事件に対する家康と秀忠の裁断は翌十七年十一月に下った。本多と今村は江戸に召喚され、大御所と将軍の面前で対決させられたのである。

幕府の裁決は本多に理ありとした。本多富正は、以後も「国中仕置可申付」(『国事叢記』)申し渡され、従来にも増して重く用いられる結果となった。一方、今村派に対する処分は厳しいものであった。今村盛次は改易、鳥居忠政に預けられ奥州磐城《いわき》に配流《はいる》された。今村に同心した重臣清水丹後も伊達政宗に預けられ、仙台に流されている。

この事件の背景として次の二点が認められる。まず、家臣知行所の紛争に端を発していることから〝給人知行権★〟の強かったことがうかがえる。次いで、家臣団内部の騒動解決の手段として武力行使があったことがわかる。

福井藩という徳川一門の事件であったこともあり、幕府が敏速に介入して処分を断行しており、そこに幕府権力の確立がうかがえる。幕府は、今村の後任として「鬼作左」の異名がある本多作左衛門重次の嫡男本多成重を付家老《つけがろう》★として丸岡城主に送り込み、親藩の統制を強化した。

▼給人知行権
知行所内における支配の権限。

▼付家老
幕府が親藩に派遣した家老職。

忠直にとっては改易の危機すら孕《はら》む重大事件であったが、結果的にみれば、秀康の重臣の多くを追放したことで、かえって忠直の権力基盤は安定した。本件は、幕藩体制確立への過渡期に生じた〝お家騒動〟の一典型としてみることもできるのである。

慶長十九年の冬の陣と翌元和元年夏の陣は、徳川家にとり豊臣家を倒して政権確立の総仕上げを図るものであるが、参戦を強いられる大名たちにとっては恩賞の期待できない迷惑な戦争であった。

だが、二十《はたち》の忠直にとっては、祖父家康や叔父秀忠に武将としての本領を発揮してみせる晴れの舞台であり、一万五〇〇〇の大軍を率いて勇躍参戦した。ことに夏の陣における越前勢は、大坂城一番乗りや知謀の勇将真田幸村の首級《しゅきゅう》をあげるなどの逸話が伝えられている。

当時、京浪花《なにわ》で「掛レ掛レノ越前衆、命シラズノツマグロノ旗」とその勇戦振りが囃《はや》し立てられたという。忠直自身も国許への手紙の中で、四千人余の首を取ったとその戦果を誇っている。家康からも「勲功第一」と、並み居る多くの武将の前で持ち上げられ、大いに面目を施《ほどこ》したのであった。

家康は恩賞は追って沙汰《さた》するといったが、参議という高い官職に昇進したものの領知の加増はなかった。加増といえば忠直に従って両陣で活躍した弟忠昌は、後述するように戦後数年で領知を拡大し、一万石から越後高田二十五万石の領主に躍進している。関ヶ原戦後と相違し、没収高の少なかった大坂の陣後としては、実に目覚ましい恩賞といえる。

すでに大国の領主であった忠直に対して加増はなくても、秀康一門としては十分に報いられたともいえる。しかし、忠直自身にしてみれば、軍功のあった家臣たちに報いることができず、不満だけが残ったのであった。

将軍家への不満

『徳川実紀』に「酒と色にふけり、……参勤の時至りても参られんともせられず」と不遜な行状が記されている忠直が、大国を奪われるに至ったその背景を探ってみることにしたい。

忠直の異常な行動が目立ちはじめたのは元和四年（一六一八）頃からとされている。参勤（交代）を怠るという、大名として基本的な義務違反をはじめたのがこの頃からであった。それは時期的にみて、年下の叔父たちに対する対抗意識が昂じたことに原因があったように思われる。その叔父たちとは、慶長五年（一六〇〇）生まれの尾張・徳川義直《よしなお》と同七年生まれの紀伊の頼宣《よりのぶ》、それに翌八年生まれの水戸の頼房《よりふさ》のことである。忠直は文禄四年（一五九五）生まれなので、甥とはいっても叔父義直より五歳年長であった。

大名の序列を決定したのは官位・官職であり、したがってその昇進は彼らの関心の的《まと》であった。忠直は、大坂夏の陣の直後に軍功によって従三位参議に昇進し、義直・頼宣と同列になった。ところが元和三年に両人は揃って権中納言になり再び水をあけられた。

頼房の官位は従四位少将であったのでその序列は忠直の下位である。ところが、元和二年元旦の江戸城内における拝賀式では、忠直の席を頼房の次とした。将軍秀忠の弟三人が年下であっても忠直の上位に着座することは、大名間では違和感をもたなかったであろう。しかし、忠直にしてみれば自らを徳川家嫡流の継承者と自負しており、しかも軍功の誇りがあったので、癒し難い屈辱の虜《とりこ》となったようである。

問題の参勤の怠慢がピークに達したのは元和七、八年のことであった。忠直の末裔に当たる津山松平家★の系譜（「西巌公★年譜」）によると、元和七年「頃年疾アリテ朝覲セズ」、同八年「疾ヲ勉テ東観セントシ、出テ関ヶ原ニ至り滞留数月、復東スルコト能ハス」とある。大名たちは固唾《かたず》をのんで忠直の挙動を見守っており、「越前の儀はなかなか是非もなき様子」（細川家史料、元和八年十月十一日条）などと噂していた。ちょうどこの頃、忠直は参勤拒否にとどまらず、福井において数々の不行跡《ふぎょうせき》も認められる。

「このころ越前宰相忠直卿は強暴の振る舞い超過し、酒と色とにふけり、あけ

▼**津山松平家**
津山藩松平家の藩祖松平光長は忠直の嫡男。なお津山は美作（岡山）の中心部。

▼**西巌公**
西巌は忠直の法名。

てもくれても近習小姓等を手討にし」（『徳川実紀』）とある。

忠直の女性関係について『越藩史略』では「公の嬖妾数百人、其十六人を魁となす、一国其最たり」とその乱脈振りを誇張して伝えている。一国という女の教唆で忠直が犯した行状は世にいう悪女伝説の域を出ないが、その一国が表沙汰になっていることは、正室勝姫との不和が深刻であったことを物語るものではあるまいか。秀忠の娘勝姫との不仲こそ、将軍を最も悩ませたことであったろう。

忠直が夫人を殺害するかもしれないという風評は江戸にまで達していたという。事実、元和八年十月八日のこと、勝姫の身代わりを志願した女官の黒田局《くろだのつぼね》が姫の衣装をまとって薄暮に忠直居室に近づいたところ、彼に斬殺されたのであった（「西巌公年譜」）。

女性にかかわる暴挙といえば、同年大晦日、一万五千石の大身永見右衛門を攻め滅ぼしたことがよく知られている。忠直は美人の聞こえ高い右衛門の母に懸想《けそう》したが、秀康に殉死した夫である先代右衛門長次の名誉にかけても断固拒絶、一子右衛門も抵抗して寄せ手と戦い、家中の男女は悉く《ことごとく》敗死している。

主君の狂暴な振る舞いや参勤の怠慢を深く憂慮した付家老本多成重は強諫《きょうかん》した。それに怒った忠直は、本多の居城丸岡に攻めかかろうとした。成重は京都所司代板倉重宗の許《もと》に赴き、善後策を講じている（『徳川実紀』）。

こうして、将軍秀忠も忠直配流の決断をせざるを得なくなった。元和九年三月、秀忠は、忠直の生母の清涼院に内意を託し、同月二十二日、彼女は北庄に参着し、将軍の命を伝えた。忠直は母の説得を穏やかに受け入れ、翌月三日北庄城を出発し、配所の豊後萩原（現大分市）に向かう、二十九歳であった。

豊後への配流と秀康一門

忠直が不在となった越前を誰が継承するのか。改易同然の処分を受けたので、一般の大名であれば嫡子の相続はまずあり得ない。しかし、仙千代(元服後、光長)は将軍秀忠の孫である。福井藩松平家系図にみえる秀康の二男忠昌の条に「(元和)九年忠直廃徙後、雖有遺跡相続内旨固辞焉★」とみえ、幕府から秀康の遺跡を継承するよう命ぜられたことがうかがえるが、忠昌は辞退している。

『徳川実紀』の秀忠代の元和九年三月条によると「豊後国萩原に配流ありし越前宰相忠直入道一伯の長子仙千代丸に祖父中納言秀康卿以来の旧領七十五万石給ひ、越前の国北庄の城主たらしめられ」とある。仙千代九歳であった。仙千代は、同七年九月以来、参勤を怠った父の代わりに参府して江戸城中で暮らしていたが、この年の三月藩主として帰国した。

同年七月秀忠は将軍職を家光に譲り大御所となった。閏八月に入り秀忠は幼少の孫に寒冷地の生活は不憫《ふびん》であるとして、母子共に再び江戸に呼び戻している。

▼「忠直配流後、将軍より父秀康の遺領を相続するようにとの内旨があったが固く辞退した」

晩年の松平忠直像
（浄土寺蔵／大分市歴史資料館提供）

忠直配流後、福井藩領に大きな変動があった。その経緯を簡略にたどってみることにしたい。

前述のように元和九年（一六二三）三月、忠直の嫡男仙千代は領知を安堵され、六十八万石の大国を継承した。

ところが、同七月に秀忠は将軍職を嫡子家光に譲り大御所となり、新将軍は、北国枢要の地を幼少の仙千代（九歳）に預けて置くことはできないとして、翌寛永元年（一六二四）四月、秀康の二男松平忠昌に越前のうち、五十万石余を与えて福井城主とした。

一方仙千代は忠昌の旧領である越後高田二十五万石に移封された。叔父と甥の領知交換ということになるが、将軍家光の姉に当たる仙千代の母勝姫はこの処置に不満であったといわれる。

忠昌にとっては領地倍増の転封であったが、福井藩領としては秀康・忠直両代より十八万石の削減であった。それでは削減分はどのように処分されたのか、それについて明らかにしておきたい。

まず、隣国若狭に接する越前国敦賀《つるが》郡二万二千石が若狭国一円を領有する京極忠高に加増され、小浜藩領は十一万三千石余となった。さらに美濃に隣接する大野郡のうち大野五万石が秀康の三男直政に、勝山三万石が五男直基に、木本二万五千石が六男直良に分与された。また、幕府派遣の付家老であった丸岡城主本多飛騨守成重は独立して大名の列に加えられ、四万八千石の丸岡藩が誕生している。
　ここで、特筆しておきたいことは秀康系の大名五家が成立し、その領知高の合計が八十六万石になっていることである。忠昌の弟三人はその後も国替えと加増を重ねて二十年後、つまり三代将軍家光治世中の正保元年（一六四四）には一門の領知高の合計は百十六万石に達していた。忠直は配流の憂き目にあったが、秀康一門としては将軍家から重視されていたといえよう。

将軍家（家康・秀忠・家光）と福井藩松平家関係略系図

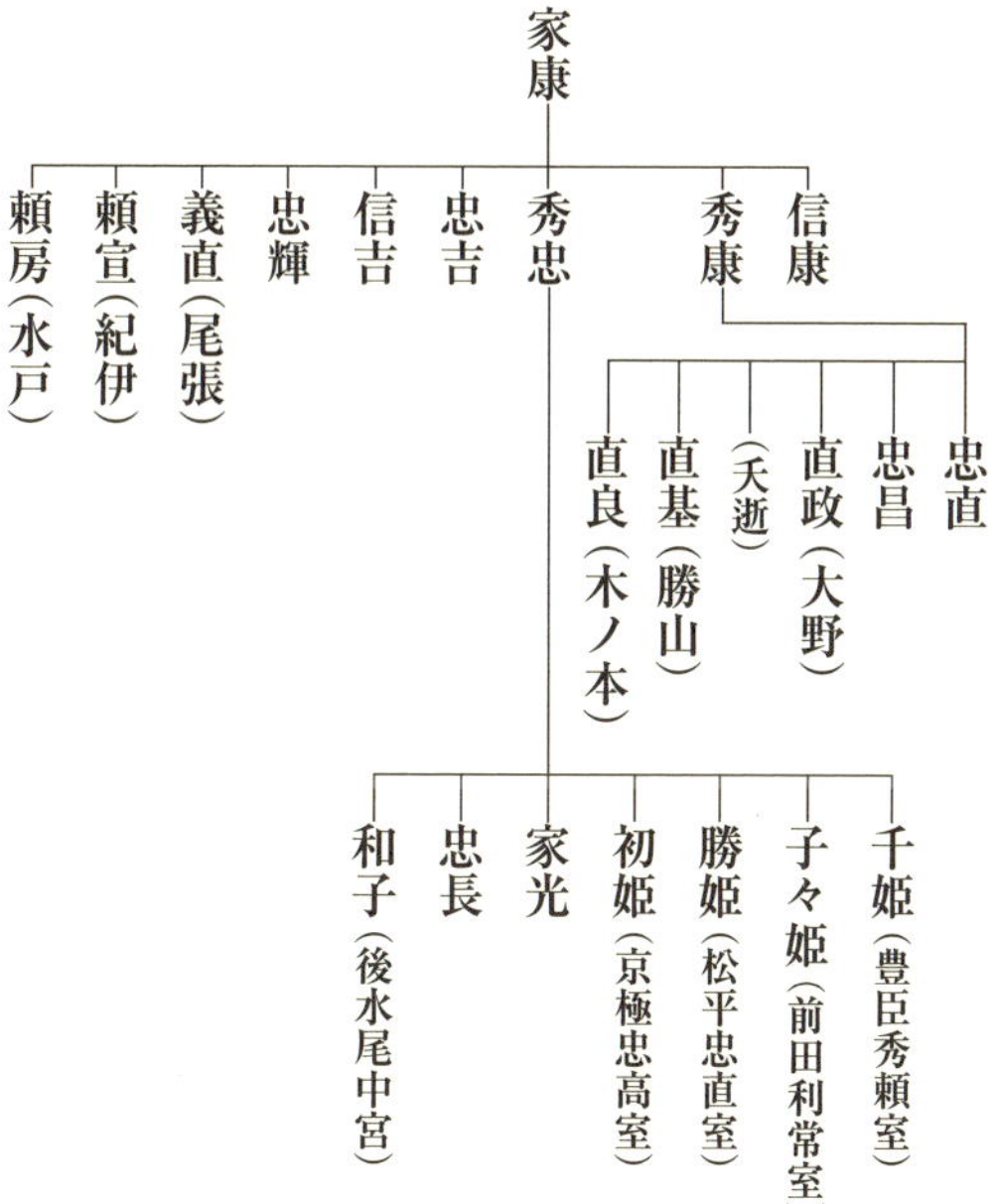

これも福井

福井藩人物列伝（1）

本多富正　ほんだ・とみまさ

（元亀三年〔一五七二〕〜慶安二年〔一六四九〕）

本多家は元徳川氏譜代の臣で、富正の父は本多重富といった。父重富は家康嫡男信康の付き人だったが、信康自刃後に隠居し、富正は叔父の本多重次に養育された。天正十四年（一五八六）、富正は豊臣秀吉の養子になった家康二男の秀康に随従、以後結城秀康と生死を共にしている。

慶長五年（一六〇〇）、関ヶ原合戦後、秀康が越前六十八万石を拝領して福井藩が成立した折に、富正は主君から府中（現越前市）四万石を与えられた。同十二年秀康の死去に際して殉死を決意するが、大御所徳川家康と将軍秀忠はこれを許さず、越前が北陸支配の要地でしかも大国であることから、若い藩主の松平忠直の補佐を命じた。

その直後、藩内において富正と今村盛次の両家老が対立して、家臣団を二分する家中騒動に発展した。この時、家康・秀忠が富正を支持して今村派を処罰したことから、以後本多富正は藩内において国老として重んじられた。富正は陪臣であったにもかかわらず、幕府より従五位下伊豆守（のちに丹波守）に叙任され、江戸屋敷も与えられるなど、大名に準じて処遇された。

富正は、秀康をはじめ四代の藩主に仕え、藩政にかかわること四十九年の長きに及んだ。武功に優れ、文治の功績も大きかった。

産業では府中の打刃物を保護し、治水では福井城下の上水である芝原用水の開発に尽力、その関連で今でも九頭竜川左岸の地に「元覚堤」の名をとどめている。晩年、元覚斎と称していたことによるものである。

慶安二年（一六四九）七十八歳で没し、龍泉寺（現越前市）に葬られた。また同寺には富正が生前、家康・秀忠の厚恩を謝して建てた御像堂があり、主君秀康を含め三体の木像が安置されている。

富正を祖とする府中本多家は、当初四万石を支配していたが、貞享三年（一六八六）以後福井藩領の半減に伴い、二万石を領有していた。同家は、家臣団の筆頭として別格の待遇を受け、明治維新に至るまで九代続いている。

岩佐又兵衛　いわさ・またべえ

（天正六年〔一五七八〕〜慶安三年〔一六五〇〕）

又兵衛は、天正六年（一五七八）、摂津国伊丹城主の荒木村重の末子として生まれた。父村重は主君織田信長に反逆を企てて失敗し逃走、城中にいた又兵衛の母や一族の者は処刑された。幼児だった又兵衛は乳母に抱かれて危うく逃れ、京の本願寺にかくまわれてその地で成長した。岩佐は母方の姓で、名を勝以《かつもち》といった。又兵衛は通称である。

又兵衛は武門によって家の再興を図ることを断念し、京の貴顕の人々と交わる中で得意の画業で身を立てた。四十歳の頃（元和初年）、親交のあった福井（当時北庄）興宗寺の僧心願に招かれ、京を離れて福井に移住した。

福井藩主松平忠直と同忠昌の庇護を受け、二十年余にわたる福井城下の生活の中で、その画業を大成している。

彼は広く和漢の画材を求めてそれを大和絵風、あるいは水墨画風と流派にとらわれることなく描き、和漢折衷の独自の画境を確立している。福井時代の代表作としては、古典的な題材の作品「金屋屏風」「樽屋屏風」「和漢故事説話図」などがあり、人形浄瑠璃の画巻としては「堀江物語絵巻」「小栗判官絵巻」がある。

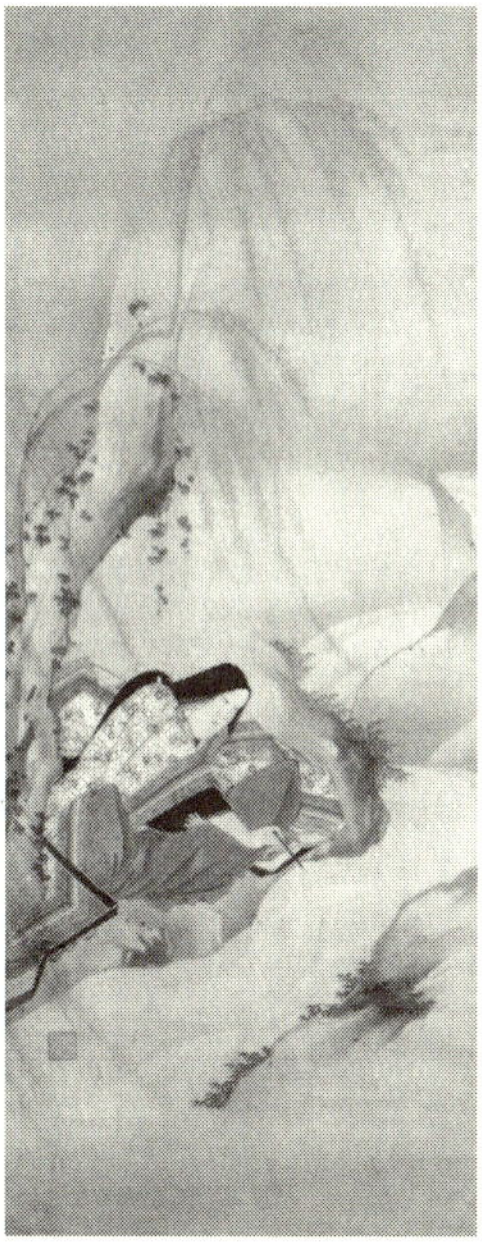

「羅浮仙図」（右／個人蔵）
「伊勢物語　鳥の子図」（左／東京国立博物館蔵）

又兵衛の名声は江戸まで届き、六十歳を迎えた寛永十四年（一六三七）、幕府の命によって妻子を福井に残したまま江戸に赴いた。

江戸では尾張徳川家に嫁ぐ将軍家光の娘千代姫の調度品を制作したり、川越東照宮に三十六歌仙絵額を奉納している。

又兵衛は誤って「浮世又兵衛」と俗称されたことから近松門左衛門創作の「吃又」と混同され、その生涯ほ長らくなぞに包まれていた。慶安三年（一六五〇）七十三歳で江戸にて没したが、福井市の興宗寺（松本三丁目）に葬られた。

嫡男の源兵衛勝重は父の出府後にその工房を継承し、福井藩のお抱え絵師として活躍している。勝重の代表作としては福井城内鶴之間の襖絵であった「群鶴図屏風」が有名である。

下坂康継　しもさか・やすつぐ
（?～元和七年（一六二一））

戦国時代、近江長浜の一地区である下坂を本拠地に、下坂派と称する刀工集団が活躍し、のちに越前に移住した。一乗谷に安住したとの説もあり、柴田勝家に招かれて北庄に本拠を移したともいわれている。

越前における下坂派は慶長六年（一六〇一）、結城秀康の越前入国後に本格的に活躍期に入り、江戸新刀の名工を輩出した。当時、下坂派統領格の刀工には肥後大掾《だいじょう》の受領名が許されていた。とりわけ傑出していたのが康継であり、結城秀康の知遇を受け、徳川家康の晩年には御用刀工として江戸にも呼ばれて、以後江戸と北庄を往復していた。

家康は彼に「康」の一字を授けており、それにより「越前康継」を刀の銘に切り添えることになった。また、康継は刀の茎《なかご》に徳川家紋の三つ葉葵を刻むことを許され、同家の刀工は代々その恩恵に浴し、その作刀は「葵下坂」と呼ばれた。

康継の刀は南蛮鉄を用いて、作風は家康好みの渋さを持っている。また、康継の作刀には竹・梅・龍など精巧な彫刻が施されているものがあるが、それは名工の鍔師記内によるものであった。

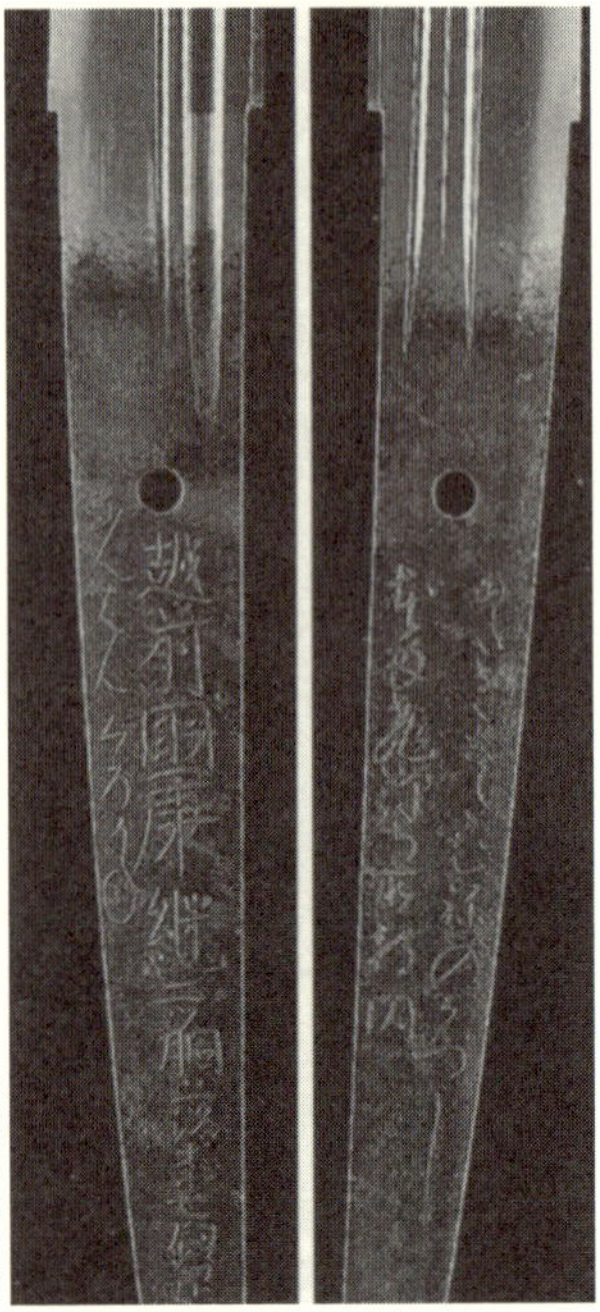
康継作刀の銘
（福井県立歴史博物館蔵）

江戸初期の刀工には越前出身者が多いが、それは康継が弟子の養成に尽力したことによるものである。康継は元和七年（一六二一）に没し、家業は長男の市之丞康悦が二代目を継承した。

康継の子孫は三代目から江戸と越前の二派に分かれる。江戸下坂家は康悦の嫡男の右馬助が継ぎ、越前下坂家は康継の三男の四郎右衛門が継承した。江戸と越前両下坂家では交代で「康継」を称していたようで、越前下坂家では、三代と五代が刀銘に「康継」と切っている。越前下坂家は江戸時代を通じて福井藩専属の刀工で、明治二年の廃業まで九代にわたって続いている。

なお、下坂派の刀工は江戸と越前のほかにも京都・会津若松・鳥取・福岡などの各地でその分派が活躍していた。

中根雪江 なかね・ゆきえ
（文化四年〔一八〇七〕～明治十年〔一八七七〕）

雪江は、文化四年（一八〇七）に中根衆諧の長男として生まれた。名は師質、通称を靭負と称したが、元治元年（一八六四）に雪江と改めている。文政十年（一八二七）父の死去により家督七百石を相続した。

父は中老として藩主の側近にあって重用されていたが、雪江もまた側用人となり、文久三年（一八六三）に蟄居を命ぜられるまでの十七年間、藩主を補佐した。

藩主松平春嶽の股肱の臣としての活躍は、藩政改革に着手したことで始まり、財政改革で成果を上げている。安政四、五年（一八五七、八）には将軍継嗣問題で謀臣として尽力。文久二年には前藩主春嶽が政事総裁職として幕政の要職に就任したことで、国事にも参画して公武合体運動の推進力になっている。

翌三年、京の過激尊攘派を抑えるため藩内に挙藩上洛計画が提起されるや自重論を唱え、藩論分裂の責めを負って蟄居を命じられて隠居を余儀なくされた。翌年には隠居の身で側用人に復帰して国事に尽力し、慶応三年（一八六七）には家老格となっている。

雪江は、当時幕府と対立関係を深めていた薩摩藩との間にあって調停に努め、幕府の大政奉還後には土佐藩と協力して公議政体の実現を画策、常に親藩であった福井藩の立場から政局の安定化に努力した。慶応三年十二月に新政府の参与職に就任して内国事務掛となり、福井藩松平家の宗家にあたる徳川氏の存続に奔走した。

翌明治元年八月、福井藩による新政府是正活動に関連して嫌疑を受け、一切の政治活動からしりぞき、坂井郡宿浦（現坂井市三国町）に隠棲した。

彼の著書には幕末の政局における主君春嶽の業績を、史実に即してまとめたものが多い。万延元年（一八六〇）の『昨夢紀事』、文久三年の『再夢紀事』、明治九年の『奉答紀事』などがそれである。

また、雪江は平田篤胤の高弟で国学の造詣も深かった。明治十年（一八七七）没、享年七十一歳。東京都品川の海晏寺に葬られる。明治三十年、中根家は雪江の勲功で男爵に列せられた。

吉田東篁 よしだ・とうこう
（文化五年〔一八〇八〕～明治八年〔一八七五〕）

福井藩の儒者。文化五年（一八〇八）、福井藩の下級藩士吉田金八の子として生まれる。父は「鉈差し」と俗称された軽輩であった。

東篁は名を篤、通称を悌蔵といった。東篁は号であり、明治元年（一八六八）の隠居後は山守東篁と称していた。

若年から学問を志し、藩校正義堂の小吏に採用されたことで、藩儒清田但叟（丹蔵）の知遇を得、清田から京の崎門学者鈴木撫泉を紹介されて、彼に私淑した。その後、福井城下で私塾を開くが、「学は実践にあらざれば不可なり」と時務を講じて、師弟に多大の影響を与えている。

入門者は数百人に達したといわれ、門弟からは鈴木主税・橋本左内・由利公正など、幕末維新期における藩内改革派の逸材が輩出した。横井小楠とも親交があり、小楠は諸藩歴訪の途中に福井に滞在、その折に東篁の門下生七十余人の前で『大学』を講じている。

東篁の高弟であった鈴木主税は藩の要職にあったことから師東篁を重用し、安政三年（一八五五）の藩校明道館創設に当たっては、彼を助教に任用している。

東篁は嘉永六年（一八五三）のペリー来航以降、時勢について考えるところがあり、江戸・京都に遊歴して藤田東湖・梅田雲浜・梁川星巌らと交流した。東篁は常に時事を慨嘆してしばしば藩に献策するところがあった。ことに徳川慶喜の大政奉還後、東西で戦乱が起こるのを見て痛憤し、徳川氏のために冤罪をそそぐことを藩主に上書している。

明治元年、職を辞して自適の生活に入る。明治八年五月二日没、享年六十八歳。

これも福井
「参勤交代」と「江戸城登城供立行列」

弘化２年（1845）の春嶽の参勤経路

参勤交代

参勤（江戸へ参府）・交代（御暇、帰国）ともに東海道―美濃路―中山道―北国脇街道―北陸街道の経路を利用することが多く、十四日間前後の日数を要した。大名行列の人数は概ね一〇〇〇人、道中費用は二〇〇〇両前後。御暇では、日光社参のために中仙道―北国脇街道―北陸街道を使うこともあり、道のりは一三七里、やはり十四日前後の道中であった。

江戸城登城供立行列

在府中の大名の大切な勤めが、年始や節句などの式日の将軍家への拝謁である。江戸城（千代田城）へ登城する折には、身分格式相応の供立行列を組んだ。福井藩は常盤橋上屋敷を出て江戸城大手門に入るが、その道筋は明らかになっていない。下図をみると、福井藩では裃を着た御小人を先頭に、黒塗金紋鋏箱を先箱とし、徒が二列に続き、長刀（打物）、藩主の駕籠とそれを取り巻く近習、……と進む行列の様子がわかる。

幕末期の年始の登城を描いたとされる「福井藩主供立行列図」（福井市立郷土歴史博物館蔵）（『福井藩と江戸』より）

第二章 福井藩再興への苦難

福居と名づけた忠昌と二支藩の誕生と光通の文治政策。

1 転封を重ねて五十万石拝領

越前を安堵されたのは幼少の光長（仙千代）であったため、下妻から松代、越後高田へと加増・転封を重ねていた秀康の二男忠昌に、将軍家光は、越前福井五十万石を継承させることとしたのである。

秀康の二男忠昌

松平忠昌は、慶長二年（一五九七）十二月秀康の二男として、大坂で生まれた。母は清涼院（俗名岡山）で、忠直は同母兄である。元服前は虎松と称していた。慶長十二年閏四月、忠昌は父秀康と死別した。同年十一月、駿府の祖父家康の許に赴き、初の対面をしている。十一歳であった。次いで同年中に江戸の叔父、将軍徳川秀忠にも初の目見《めみえ》を果たしている。

以後、叔父の膝元である江戸城中において養育されることとなった。この時、将軍は甥忠昌に上総国（千葉県）姉ヶ崎の領地一万石を与えている。兄忠直も既に秀康の遺領六十八万石を継承していたが、大名となった忠昌に自らの家臣の中から岡部長起・永見吉次・上川実基・毛受《めんじゅ》延洪ら十余人を付人として与えている。

慶長十九年十月、大坂冬の陣が起きると、十八歳の忠昌は将軍の本陣に詰めることになり、旗本組に所属した。忠昌の家臣は、当初の付人に狛《こま》孝澄・酒井重成・杉田三正らも加わって二六人になった。この頃の忠昌を何くれとなく庇護してくれた人物に、秀忠付きの老臣本多正信がいた。

翌元和元年（一六一五）一月、元服したことで将軍秀忠の一字を拝領して忠昌と改め、従四位下侍従の官位官職を与えられた。この年四月の大坂夏の陣には兄忠直軍の一翼を担うことになり、忠昌は三十余人の武将を指揮して参戦した。

忠昌隊の奮戦は目覚ましく、大坂方の多くの将兵を討ちとっている。忠昌自身も二つの高名首《こうみょうくび》をあげているが、その一人は敵将の中でも剣術の名手として評判の高かった念流左大夫である。しかし、軍功を焦った忠昌は激戦によって重臣の岡部を失うなど、手痛い損失も蒙《こうむ》っている。

大坂両陣において忠昌家臣団の中核が形成されたが、この頃から重臣として忠昌を補佐したのが永見吉次と狛孝澄である。永見は秀康の生母長勝院（万）の甥で、慶長六年に忠昌五歳であった時に小姓になった。狛も同八年に長勝院の縁故で小姓になっている。

松平忠昌肖像
（東光寺蔵）

下妻・松代・高田時代

大坂の陣終結後の元和元年十一月、忠昌は論功により常陸国（茨城県）下妻三万石に加増・転封された。翌二年八月には信濃国（長野県）松代十二万石へとさらに加増・転封を重ねている。松代移封後には領知高の急増に伴い多くの家臣を召し抱えたが、その大半は松平忠輝《ただてる》の旧臣であった。

家康八男の忠輝は慶長八年（一六〇三）に松代十四万石の領主となり、同十五年には隣接する越後を加えて四十四万石の太守となった。忠昌にとって叔父に当たる忠輝が元和二年七月に改易になったことで、その遺臣の多くを採用したのであった。松平備前正世がその筆頭であり、彼は忠輝の重臣の一人として三千石の高禄を与えられていた。

忠昌は、元和四年（一六一八）三月、越後国（新潟県）高田二十五万石を拝領した。松代時代の領知高に比して倍増している。領国の拡大に伴って忠昌家臣団も急速に膨脹した。

『諸士先祖之記』（享保六年〔一七二一〕、松平文庫蔵）によると高田時代に召し抱えられた家臣は四九家（分家は除く）で、その出身地をみると二一カ国に及んでいる。藩祖秀康時代のように、出身地が特定の国に集中するようなこともなく、東海（一一家）・北陸（六家）・近畿（六家）が目立つものの、むしろ三分の一に当たる一八家が生国（出身地）不詳というところに特色がみられる。仕官先を求めて親子代々浪々する当時の武士の生きざまの一端がうかがえる。高田時代の家臣で越前にかかわりのある二例を紹介しておこう。

津田源之丞の生国は紀伊であった。津田一族七三人は、柴田勝家が越前北庄で滅亡の折に、主君と共に討ち死にしているが、たまたま病気で出陣できなかった津田四郎大夫のみが生き残った。四郎大夫の子が源之丞であり、尾張国（愛知県）清洲《きよす》五十二万石の松平忠吉に仕官したが、慶長十二年に忠吉が死去して、浪人となっている。十六年に及ぶ浪々の生活を経て、元和九年に忠昌に召し出された。五百石の知行を与えられている。

武曾《むそ》権左衛門は、生国・本国とも越前である。父采女《うねめ》は越前国主朝倉義景★の家臣であったが、朝倉氏滅亡後前田利家に仕え、その子権左衛門も前田利常に従って大坂の陣で活躍している。その後加賀藩を去り忠昌に仕官した。武曾家の家禄は四百石であった。

越後高田時代の年寄（家老）は、同時期の発給文書から推して、永見志摩吉次と狛木工《もく》（伊勢）孝澄と考えられる。その年寄衆の上席にあって忠昌に重んじられていたのが稲葉佐渡守正成である。将軍徳川秀忠は、忠昌が北国の要地を支配するには「弱齢」であることに配慮して、老練な稲葉正成を付人としたのであっ

▼**朝倉義景**
戦国大名朝倉義景。元亀元年（一五七〇）に信長・家康の軍と近江姉川で戦って大敗。天正元年（一五七三）八月、信長が越前を攻略し朝倉氏滅亡。義景は、越前大野にて自殺。

た。正成は、越後糸魚川《いといがわ》一万石を拝領したが、美濃国内の所領一万石と合わせてその領知高は二万石であった。

越前拝領の経緯

忠直の豊後配流後、越前一国六十八万石は嫡子仙千代（のちの光長）に安堵された。しかし、越前は北陸枢要の地であり、幼少の仙千代（九歳）に預け置くには問題があった。寛永元年（一六二四）四月十五日、将軍家光は忠昌に対して「以特命続秀康遺跡、賜封之内五十万石余及北庄城　後称福井」（「越前松平家系図」）と秀康遺領のうち五十万石を継承することを命じ、仙千代には叔父忠昌の旧領越後高田二十五万石を与えたのであった。叔父と甥が将軍の命で領知を交換したのである。忠昌自身にとっては領知倍増の転封であったが、福井藩領としては秀康・忠直両代より十八万石の削減となっている。その後、寛永十四年に二万五千石の加増があって福井藩の領知高は五十二万五千石になった。

忠昌の越前拝領にはこれまでみてきたように複雑な経緯があった。寛永元年（一六二四）四月、叔父忠昌と甥仙千代の領知交換に伴って、秀康以来の家臣団は再編を余儀なくされたのであった。福井藩の史書『国事叢記』によると、年月不詳ながら忠昌は福井藩士に対して「大身・小身、近習・外様に不限《かぎらず》」、いずれも福井にとどまるも越後への随従《ずいじゅう》も望み次第である、と申し渡している。

ところで、元和九年（一六二三）の時点、つまり仙千代（光長）時代の福井藩老臣についてみると、同年九月二十一日付で家中に宛てて発給された条目の中に、本多飛驒守成重・本多伊豆守富正・小栗美作守正勝・岡島壱岐守・本多七左衛門が署名している（『福井市史 資料編6』）。

寛永元年（一六二四）四月以降本多成重は幕命によって丸岡藩主となり、本多富正は国老として福井藩の重鎮にとどまった。残りの小栗・岡島・本多は越後高田に赴いたのである。本多富正と共に残留し、忠昌家臣団に編入された者は一〇五騎であり、『越藩史略』などの史書に氏名と経歴が明らかにされている。領主交代の混乱期であったので他の大名に仕官したり、浪人となった者もいたが、多くは年寄衆（家老）小栗・岡島・本多に従って越後高田へ移動した。

一方、忠昌に伴われ、高田から福井に移った武士は三〇〇騎であった。忠昌が越前に入国後の記録「隆芳院様（松平忠昌）給帳」によると、家臣数は四五八人なので、福井着任後に新規にかなりの家臣を召し抱えたことになる。福井藩が編纂した『諸士先祖之記』の中に「忠昌公御代於越前御入国後先祖被召出面々」として約五〇〇家がみえるが、新規召し抱えの家臣に該当するといえよう。この中に軍学者井原頼文、柳生新陰流★の出淵盛次、宝蔵院★胤栄の高弟中村尚政、柔気流★団野定吉などそうそうたる武芸者の名がみえる。忠昌は尚武《しょうぶ》の気風を重んじた大

「福井城下眺望図（部分）」
愛宕山（足羽山）での武芸演習
（福井市立郷土歴史博物館蔵）

▼柳生新陰流
柳生宗厳《やぎゅうむねよし》が創始した剣術の一派。

▼宝蔵院
槍術の一派。流祖は奈良興福寺宝蔵院の僧胤栄。

▼柔気流
柔術の一派。福井藩士団野定吉が柔気流師範家となる。

名で、福井藩における武術興隆の基礎を固めたのであった。

忠昌の施政

寛永元年（一六二四）八月、越前入国直後の忠昌は法令を発布して施政の方針を明らかにしている。城下の高札場《こうさつば》に掲げられた一二カ条の条目や、農民支配に当たる代官の服務規程など、民政重視の姿勢がうかがえる。

上記の法令に署名しているのは本多伊豆守富正・永見志摩吉次・狛木工孝澄の年寄（家老）三名であるが、数年後の寛永四年になると署名人の年寄に松平備前正世と杉田権之介（壱岐）三正が加わり、忠昌若年の頃から随従した重臣で強化されている。なお、松平正世は翌五年に死去した。

当時の落首に「頼むべし本多丹波（富正）に壱岐（杉田）如来鬼が志摩（永見）なる伊勢（狛）海老のつら」とあり、藩祖秀康以来の重鎮本多と忠昌若年の頃からの功臣三人が巧みに福井藩の政治に当たっていた様子をうかがわせる。老臣四人の知行高をみると本多が四万五千石、永見一万五千石、狛が一万石、下士から登用された杉田は六千石であった。少年期から主君忠昌と苦楽を共にした重臣に酒井外記《げき》重成がいた。重成の母向《むかい》は忠昌の乳母であった。

正保二年（一六四五）八月一日、忠昌死去の折に目覚ましく栄進を遂げた者の中から七名の殉死者を出している。山内隼人・斎藤民部《みんぶ》・鈴木多宮・滝主計《かずえ》・太田三弥・山本源左衛門・水野小刑部《こぎょうぶ》が追い腹した者たちであり、最年長は鈴木の五十二歳、最年少は二十一歳の山本であった。昇進が最も早かったのは斎藤であって、寛永八年（一六三一）に十七歳で側近に召し出され、忠昌晩年には三千五百石の大身となっていた、享年三十一歳。小姓として近侍して千石の高禄を与えられた山本は部屋住みの身でありながら家長である祖父の山本信濃の禄高（家禄）の三百石をはるかに上まわっていた。

この殉死の風潮に対し敢然と拒否した武士もいた。三百石の玉木三之丞は、主君の意向に反し「殉死仕程恩寵も不蒙」と広言し憚《はばか》らなかったのである。

ところで、忠昌は江戸で死去し、その遺体は福井に運ばれて菩提寺浄光院（運正寺）で茶毘《だび》にふせられ、永平寺★に納骨された。永平寺の墓地は忠昌を中心に七名の殉死者で囲まれている。

北庄から福居へ

秀康・忠直の代に北庄と称せられていた城下名が忠昌によって福居に改められた。「越前松平家系図」（『福井市史 資料編4』）の忠昌代の寛永元年（一六二四）四月十五日の条に「北庄城後称福井」とみえるのがそれである。福井藩の史書では

永平寺にある松平忠昌墓所

▼永平寺
福井県永平寺町にある曹洞宗の大本山。開山は道元。

これと関連して「公（忠昌）其北庄に郷を逃ぐるの訓あるを悪んで、之を改めしなり」（『越藩史略巻之四』）と改称の理由を説明している。「北」の字義には「逃げる」・「負ける」とあり、確かに武将にとっては縁起が悪い。忠昌としては最初に城下町を建設した柴田勝家が敗死したことや、実兄忠直が流罪となっていることが念頭にあったものと思われる。

ところで、忠昌と同時代の正保二年（一六四五）に成立した「越前国絵図」や『正保郷帳』では、城下町を「福居庄町」としている。したがって当初は「福井」ではなく「福居」であった。「福井」に定着するのは元禄期（一六八八〜一七〇四）以降と考えられる。

江戸上屋敷「竜口御屋布」

『続片聾記』という福井藩の史書に「（寛永）十四年竜口《たつのくち》御屋布《おやしき》御拝領、御普請出来御成門美麗ニ出来、日暮御門と称す」とみえる。

江戸東京博物館（東京都墨田区）六階の常設展示室「江戸ゾーン」に入ると、最初に接する大型模型「寛永の大名屋敷」（越前福井藩主松平伊予守忠昌の上《かみ》屋敷）が上掲の「竜口御屋布」である。

この模型は、「江戸図屏風」（国立歴史博物館蔵、千葉県佐倉市）と「伊豫殿屋敷図」（岡山大学図書館池田文庫蔵）に基づいて忠実に復元されたものであり、江戸時代初期の大名屋敷がうかがえる稀有《けう》な事例といえる。

竜口屋敷は、江戸城大手門前に立地し、面積五六〇〇坪の大邸宅であった。模型が示す御成門《おなりもん》は、切妻の前後に軒唐破風《からはふ》がつくもので、「江戸図屏風」の屋敷絵図と重ね合わせ、その豪華絢爛《けんらん》さがうかがえる。当時、「日暮御門《ひぐらしのごもん》」と称せられ、江戸市中の名所になっていた。

屋敷図の中に「御成書院」があり、忠昌邸に将軍家光をしばしば迎えていたことがうかがえる。徳川家光は忠昌の従弟であった。

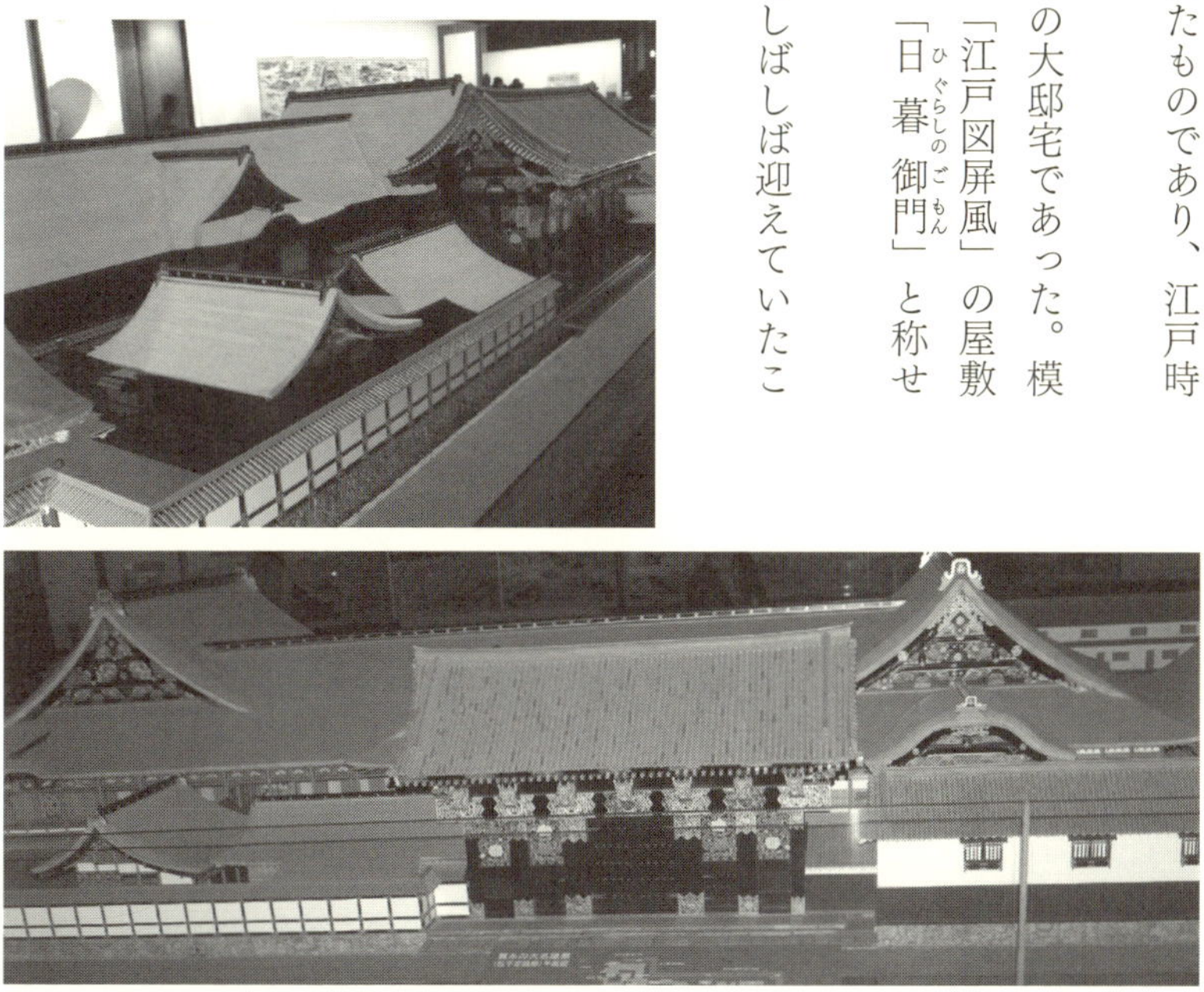

福井藩江戸竜之口屋敷（竜口御屋布）模型
（江戸東京博物館蔵）

② 光通の相続と二弟への内分知

五十二万五千石余となっていた福井藩を継承した光通は、幕命により、昌勝に五万石、昌親に二万五千石の内分知を行った。こうして、松岡・吉江の二つの支藩が誕生することになる。

進む藩法の整備

正保二年（一六四五）八月一日、父忠昌が四十九歳で死去した。同年十月嫡子万千代丸が領知五十二万五千石余を継承し、幕命によって庶兄千菊丸に五万石、庶弟福松に二万五千石を内分知《ないぶんち》している。万千代丸と千菊丸は同じ年の十歳、福松は六歳であった。

実は、万千代丸が寛永十三年（一六三六）五月七日誕生であったのに対し、千菊丸は同年三月十一日の出生である。しかし、千菊丸の母が側室であったことから「雖長子以妾腹故不得為嫡子」★（「越前松平家系図」）とされ庶兄として遇された。慶安元年（一六四八）十二月に両人は元服、万千代丸は将軍家光の一字を拝領し光通と称し、権少将に昇進した（藩主就任の正保二年に従四位下侍従に叙

▼「長子といえども妾腹の故をもって、嫡子となし得ず」

任)。同時に千菊丸は亡父の諱《いみな》★を用いて昌勝と名乗り、並の大名同様に従五位下に叙せられている。福松は慶安四年に元服し、父の諱をとって昌親と称し、従五位下兵部《ひょうぶ》大輔《たゆう》に叙任された。

万千代丸元服前後の藩政は、父忠昌の代の一老・三臣が健在であったため、万事遺漏はなかった。「一老」というのは藩祖秀康の功臣本多富正のことであり、「三臣」は忠昌と生死を共に草創期に尽力した永見志摩吉次・狛木工孝澄・杉田壱岐三正のことである。また、幕府でも慶安四年まで旗本二名を国目付★として派遣し、少年藩主の藩政の監察に当たらせたのであった。

ところが、光通元服の翌年に当たる慶安二年正月に杉田が死去、八月には国老として重きをなした本多が七十八歳の生涯を閉じた。翌三年には永見が他界し、万治二年(一六五九)にいたって狛孝澄が光通(二十四歳)の成長を十分見届けて死去している。

その後の光通は、直面する諸課題に対処するために人材を登用し、法令を整備して藩政改革に当たったのである。藩法の整備では亡父忠昌の遺業を継承し、承応二年(一六五三)以降さらに精力的に進め、ことに寛文年間(一六六一~一六七三)において充実が図られた。

▼諱
実名。ここでは亡父忠昌の下の字を用いている。

▼国目付
幕府は幼少の大名の領国の政治を監察するために旗本を派遣した。

松平光通肖像(狩野元昭筆)
(大安禅寺蔵)

松岡・吉江両支藩の誕生

正保二年（一六四五）十月、福井藩主の地位を継承した光通（万千代丸）は、前述のように二弟昌勝（千菊丸）・昌親（福松）に内分知した。翌三年六月七日成立の「越前国知行高之帳」奥書《おくがき》に「五十二万五千五百七石六斗八合松平万千代領分　内五万石松平千菊・二万五千石松平福松」とあるのがそれである。

ところで、同書の郡村別の村付記載では村高すべてが「松平万千代領分」となっており、二弟への知行分けがなされていない。昌勝の領知高が確定をみるのは慶安二年（一六四九）のことであり、昌親領分についても同様である。同時代の諸史料によって検証した松岡・吉江両藩の郡別石高（下表）は、福井藩主導の協議で確定をみたのである。昌勝領分は吉田・坂井・丹生三郡に集中がみられ、昌親領の七割は丹生郡下にあった。

幕府は、寛文四年（一六六四）に「寛文朱印留」をまとめているが、ここでも福井藩の石高（領知高）は五十二万五千二百八十石余で、このうち五万石を昌勝に、二万五千石を昌親に内分知することになったのである。

次いで松岡・吉江両藩の陣屋所在地も確認しておこう。

松岡は福井城下の北東約八キロで、九頭竜川《くずりゅうがわ》中流域の吉田郡芝原江上《しばはらえがみ》村に陣

福井藩・松岡藩・吉江藩の郡別石高

	福井藩（光通）	松岡藩（昌勝）	吉江藩（昌親）
足羽郡	91,221石	1,275石	1,761石
吉田郡	77,329石	17,652石	634石
坂井郡	140,144石	10,778石	2,988石
今立郡	85,132石	3,705石	0石
丹生郡	78,616石	12,404石	18,251石
南条郡	35,073石	1,118石	288石
大野郡	17,768石	3,272石	1,117石
計	525,283石	50,204石	25,039石

石高は斗を四捨五入。
福井藩は「寛文朱印留」、松岡藩は「松岡御領御知行分之帳」（松平文庫）、吉江藩は松原信之氏の研究を参考にした。

屋が設けられた。同地には福井城下を起点とする勝山街道が通じている。

吉江藩の陣屋は福井城下より南西約一〇キロの地点で、北陸道と日野川に近接する丹生郡立町郷《たちまちごう》にあり、杉本・西番・牛屋・米岡四村の畑地を召し上げて造成されている。

次に両藩の家臣団についてみておきたい。正保三年（一六四六）一月、光通は昌勝付きとして福井藩の家臣四三人に出向を命じている。昌勝が元服した慶安元年（一六四八）には松岡で屋敷割りが実施され、士分一二三家と卒一五四人の宅地が整備されている。年不詳であるが、昌勝の代の「松岡給帳」によると、士分のうちの給人（知行取）は六三人で、筆頭家老中根靫負《ゆきえ》の知行は五百石であった。昌親に対しては吉江に初入部した明暦元年（一六五五）に福井藩士四六人を付人としている。そのうち給人は二三人で筆頭の皆川左京は知行七百石取りであった。出向組四六人を核として吉江家臣団が形成され、年未詳の「吉江給帳」によると総人数三〇六人で士分八二家に卒二二四人であった。

近年、昌親の重臣のうちに近松門左衛門（杉森信盛）の父がいたことが明らかになった。福井藩からの出向の士分の中にみえる知行三百五十石取りの「杉森斉」（杉森斉之助信義）が近松の父であったといわれている。近松の先祖書「杉森家系図」（石川県加賀市杉森家所蔵）によると、杉森斉は昌親の家臣であり、足軽大将の要職にあった。近松は福井城下で出生しているが、幼少時、主君昌親に

福井・松岡・吉江関係図

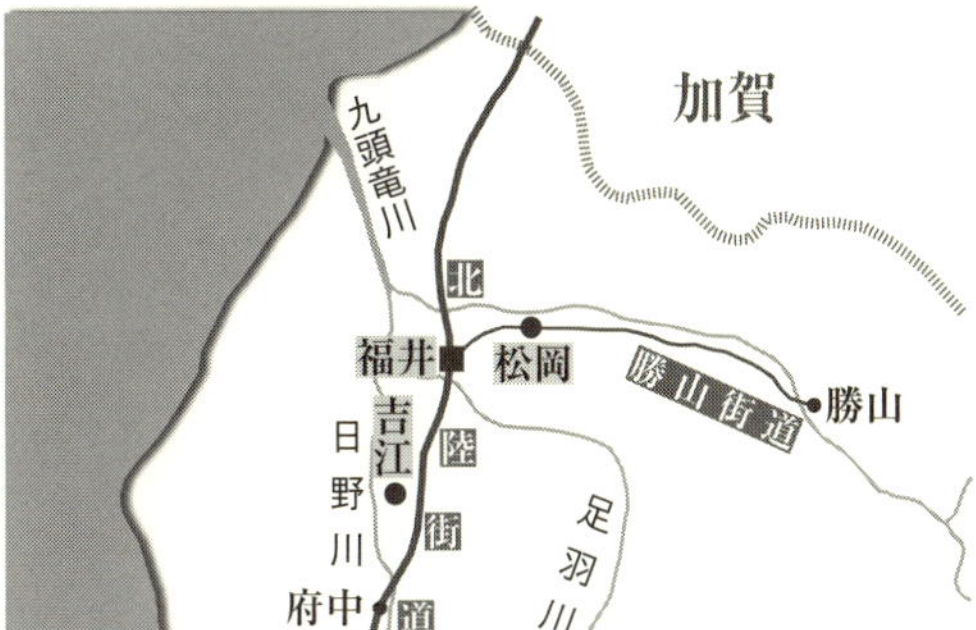

随従した父信義に伴われて吉江に移住したのである。

ところが近松十五歳の頃、父信義が浪人となったことで吉江から京へと赴いたようである。晩年の近松は辞世文の中で「代々甲冑の家に生まれながら武林を離れ」と吉江在住の幼少年時代の頃を暗示している。

松岡・吉江両藩は、その期間に長短はあるものの後年いずれも廃藩となって、その領知と家臣団は福井藩に吸収されている。

吉江藩は藩主昌親が兄光通の死去により延宝二年（一六七四）に本家を相続したことで廃藩となった。松岡藩は、享保六年（一七二一）に福井藩主松平吉邦が急逝したことにより、松岡藩二代目藩主であった昌平（宗昌）が本家を継承して廃藩となっている。

③

後継者に揺れる時代

藩政改革などで成果を上げていた英明なる五代藩主光通の突然の死。光通の側室の子である権蔵を庇護し、同情する一門の大名もいたが、光通の遺言により、吉江藩主だった末弟の昌親が藩主を継いだ。

歌人国姫と庶子権蔵

光通は、明暦元年（一六五五）四月、従兄（仙千代）に当たる松平光長の息女国姫を正室に迎えた。父の光長は松平忠直の嫡男で、前述したように短期間ながら福井藩主でもあり、当時は越後・高田藩主であった。祖母勝姫は将軍秀忠の三女であることも、国姫を理解する上で重要である。

国姫は、当時武門随一の閨秀《けいしゅう》歌人として名声を得ており、「能書★・文学・和歌に達し、堂上にては東の小町と中程の御器量」（『国事叢記』）といわれていた。国姫に和歌を指導したのは昭高院門主（後水尾上皇★の異母弟道晃法親王）であり、後水尾上皇も彼女の歌を高く評価していた。上皇の后《きさき》和子（東福門院）は国姫の祖母勝姫の妹であり、皇室とも深く結ばれていたのである。

▼能書
字がうまいこと。

▼上皇
天皇譲位後の尊称。

国姫と光通の間は世継ぎの男子に恵まれなかった。ところが、明暦二年、側室との間に権蔵《ごんぞう》が生まれている。光通は故あって終生権蔵を実子として認めることはなかった。しかし後年、権蔵をめぐり光通と国姫の祖母勝姫との間に微妙な確執が生じ、そのことが災いしてか、寛文十一年（一六七一）三月二十八日国姫は自ら命を断った。辞世の歌「よき事をきわめつくして能き今に帰るうれしき今日の暮哉」と残している。享年三十六歳。後水尾上皇は国姫の死を悼み、「清池」の院号を追贈している。

明暦二年（一六五六）、権蔵は福井城下の別邸（御泉水屋敷）で側室の子として生まれた。光通がその側室を疎《うと》んじたことから権蔵は父との対面も許されず、認知もされなかった。重臣の一人に世話を受けて領内の僻村《へきそん》（現福井市荒谷町）にて養育された。

延宝元年（一六七三）六月、十八歳に成長した権蔵は突然出奔し、大《おお》叔父松平直良（越前・勝山藩主）の江戸屋敷に逃げ込んでいる。直良は懐に入った窮鳥を庇《かば》い、彼の言い分をよく聴いた上で甥の光通に書状を送り、権蔵の処遇について善処するように求めた。

その要旨は、権蔵は成人し山間の僻村の生活に耐え難くなっていること、資質に恵まれた青年であり処世の心得もあるので将来を嘱望《しょくぼう》できる人物であることを強調している。

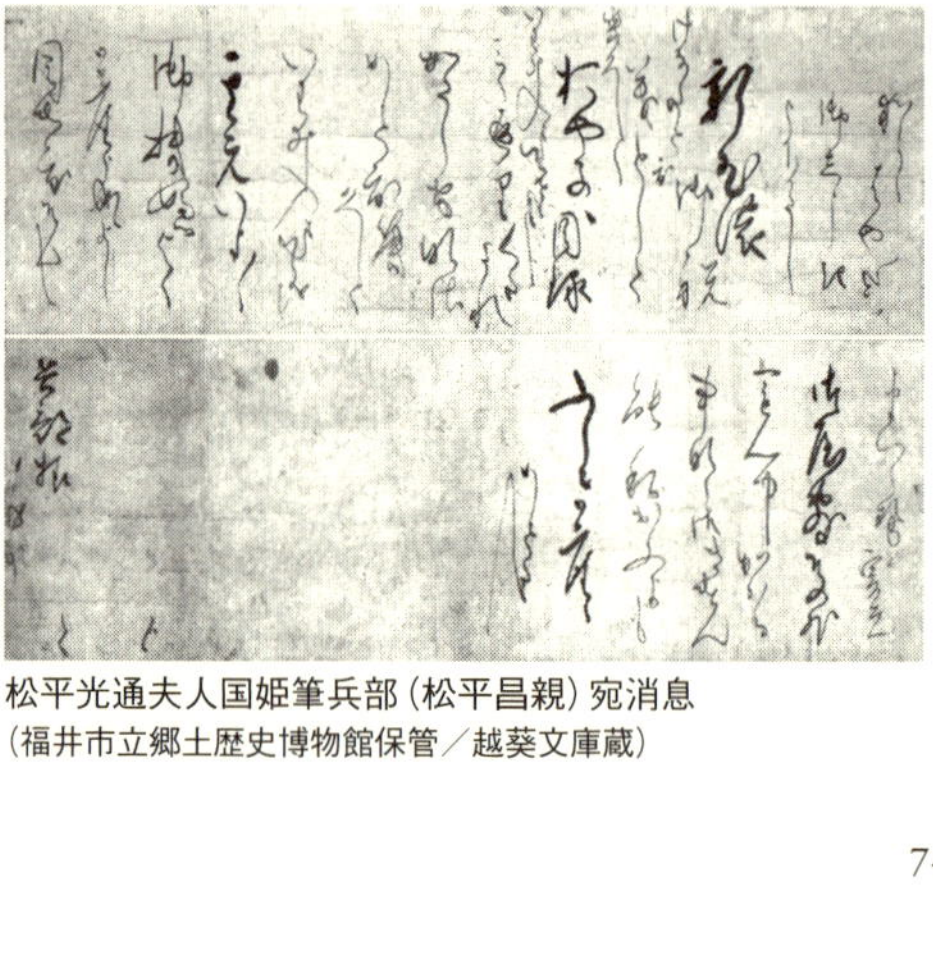

松平光通夫人国姫筆兵部（松平昌親）宛消息
（福井市立郷土歴史博物館保管／越葵文庫蔵）

直良は、理由はともあれ権蔵は光通の唯一の男子なので悔いを残さぬよう処置してほしいので、来春の江戸出府の折に熟談したいと要請した。事情を知った一門の大名たちも直良の処置に同意したが、光通はこれを無視した。

事の次第は既に幕閣要路の知るところとなり、翌延宝二年二月十五日付で光通は老中宛に書状をしたためている。文中で光通は「去夏同姓但馬守（松平直良）方へはしり込申候者」とその名も書かず、直良の処置に対しても「以之外迷惑仕」と挑戦的ですらあった。

光通は、後述するように、権蔵出奔事件が表面化した直後の三月二十四日に急逝した。権蔵は翌延宝三年十二月、直良が幕府に推挙して従五位下備中守に叙任され、その名も直堅と改めた。同五年には幕府より廩米《りんまい》★一万俵を賜ることになり、大名に準ずる処遇を受けたのであった。

▼廩米
幕府や大名の蔵に蓄えた米。

光通急逝後の継承問題

光通は歴代藩主のうちでは英明の誉れ高く、藩政改革や文治政策においても成果を上げていた。しかし、晩年には福井城下の大火（万治・寛文の両大火）、正室国姫の自殺（寛文十一年〔一六七一〕）や庶子権蔵の江戸出奔（延宝元年〔一六七三〕）などの事件が相次ぎ、その心労がもとで自身も延宝二年三月二十四日、三十九歳を一期《いちご》として自刃《じじん》した。藩の史書では「光通君御頓死、村正刀★ニ而御自害とも」と伝えている（『国事叢記』）。

国姫自殺も誘因となっているが、最大の原因は権蔵の出奔であったのであろう。権蔵の存在が周知の事実となり、面目を失った光通は、参勤交代の出府直前に福井城内で自殺したのであった。

光通の突然の死で後継者問題が一挙に表面化したが、光通の書き置きが幕府の認めるところとなって、延宝二年（一六七四）五月、末弟の吉江藩主松平昌親が福井藩六代藩主に就任した。

昌親は、事前に兄昌勝（松岡藩主）の嫡男綱昌を養子に迎えることで妥協を図っていた。昌親は藩主を二年間務めて、延宝四年七月にその座を養子綱昌に譲った。昌親は後見役として実質上の政務をみるつもりであった。

綱昌の実父昌勝は、側室の子ゆえに福井藩主の座につけなかった。その果たせぬ夢が長男綱昌の藩主就任で実現したのであった。綱昌の所領は越前国四十七万五千石で、当時の大名二百四十余家のうちで十指に入る大大名であった。

▼村正刀
村正は室町時代の刀工。作刀は徳川幕府の禁忌にあい妖刀視された。

吉品（昌親）肖像
（瑞源寺蔵）

④ 城と城下町の変容

光通の治世の後期には福井城下で大火が相次ぎ、城下の復興が図られた。しかし、すでに藩財政は窮乏化していて、城下再興の費用捻出に苦しみ、藩札発行だけでは賄えず、藩士からの借米、そして幕府からの借銀も行った。

万治大火と町割りの変更

城下町福井は、江戸時代を通じてしばしば大火に見舞われている。ことに光通の代には、万治二年（一六五九）と寛文九年（一六六九）に大火が相次いで生起《せいき》し、災害後の復興で城と城下町は著しく変容した。

万治二年四月二日（太陽暦五月二十二日）、足羽川右岸、今の柴田神社付近の武家地（現中央一丁目）が火元で火事が発生した。折からのフェーン現象★で火災は足羽川以北一帯に延焼し、城下町西部と西北部の町方約五〇町を焼き尽くす大火となった。焼失家屋は約一七〇〇軒に達した。

大火後は、復興過程で防火上の理由から、寺院群が城下町の周辺部に移転して、町割りが大きく変更した。まず、城郭西部の柳御門（小馬出門）に近接していた

▼フェーン現象
福井県下では春に日本海を発達した低気圧が通過する際にフェーン現象が発生することが多い。乾燥し風速も大きいことから大火を引き起こすことがある。

表御堂（西別院）を中心とする浄土真宗西派★の興宗寺・本覚寺・千福寺・照護寺・真宗寺六カ寺を城下町の最北端に移転して表御堂町《おもてみどうちょう》が成立した。次いで、浄土真宗東派★の四カ寺、光明寺・勝楽寺・法丹寺・正善寺が城下町北西端の田原町に移転し、浄得寺・称念寺の二カ寺は足羽川以南の足羽山麓の山奥村に移った。かくして一二カ寺があった広大な跡地に新規の町割りが行われ、万町《よろずちょう》・鶴屋町（のちに鍵町）・常盤町・松屋町・新片町の町方が成立し、北陸道沿いの門前町として賑わった旧御堂町、旧清源寺町は町方の中呉服町に改称されている。

寛文九年四月十五日（太陽暦五月十四日）、福井城下東南の勝見村で火災が発生した。同村は足羽川の支流荒川を隔てて城下町に接していた。万治大火と同様に、いわゆる「辰巳風」（東南の風）に煽られた火は小河川を越えて対岸の武家地に延焼、さらに足羽川以北の城郭と城下町一円が焼亡する未曾有の大火となった。

午前八時頃に出火し午後十時過ぎの鎮火に至るまでに武家屋敷六一四軒（足軽など下士の住居二三五軒を含む）、寺院三七カ寺と町方は五九カ町・二六七軒が焼失した。城下町の象徴ともいえる四重五階の望楼型天守★も炎上した。

江戸詰めであった藩主光通は五月十四日に帰国し、復興の陣頭指揮に当たっている。福井藩は、将軍家一門でもあったことから幕府より五万両（銀二七五〇貫）を貸与され、藩士には五二二貫、町家に対し二〇〇貫を復旧の資金にあてた。

▼浄土真宗西派・東派
開祖は親鸞。慶長七年（一六〇二）幕府の宗教政策で西本願寺（本願寺派）・東本願寺（大谷派）に分けられ、前者が西派で後者が東派。

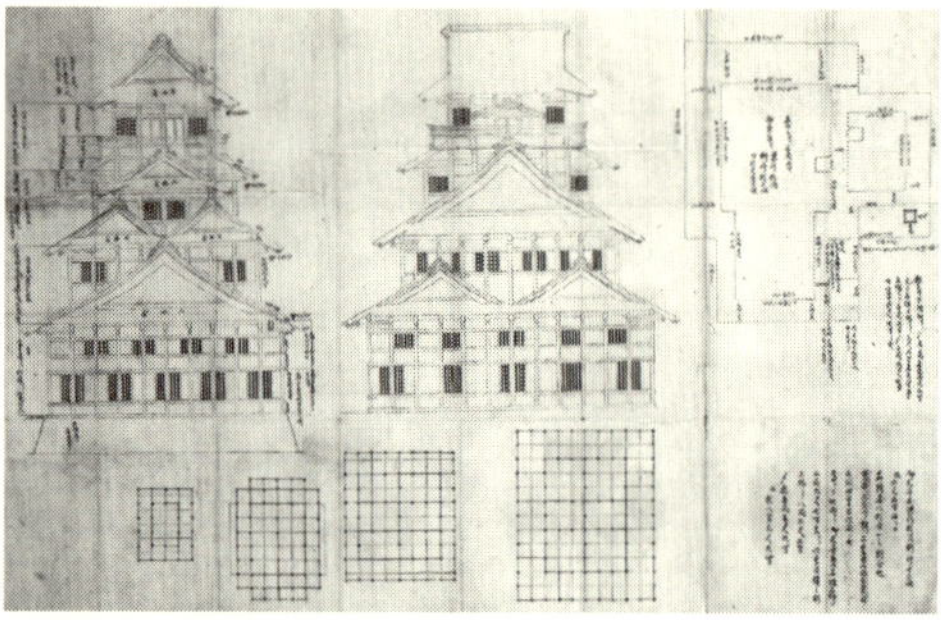

焼失した天守閣（『福井市史 絵図・地図』）
（福井県立図書館保管／松平文庫蔵）

▼望楼型天守
近世の天守は構造的にみると初期の望楼型から層塔型に変化している。

城郭の復興は、翌十年三月に着手され、延宝元年（一六七三）まで三カ年を要し、四九六一両を投入して完成した。ただし、天守閣の再建は、幕府の許可が得られなかった。本丸正面の巽・坤両櫓を焼失前の二重から三重櫓に改めることで本丸の偉容を保持したのであった。

藩札の発行

光通の代に至り藩政の確立をみたが、一方で藩財政の窮乏が顕在化し、その対応を迫られた。財政の逼迫《ひっぱく》は藩祖秀康以来の過大な出費が累積した結果ともいえる。

秀康の代では築城を中心とした城下町福井の建設に巨費を投入し、忠直の代では大坂両陣の軍事費、忠昌の代においては江戸城普請などの幕府公役を果たしてきたのであった。そして光通の代では明暦大火による江戸藩邸の焼失や、前述した万治・寛文の両大火によって福井城下の再興に巨費の支出を余儀なくされたのであった。そこで光通の財政再建に対する諸施策について概観することにしたい。

藩財政の円滑化のために、寛文元年（一六六一）に実施されたのが藩札の発行である。藩札の発行は、当時としては全国的にみても早い方であったといえる。領内に藩札を流通させることで、藩庫に正金銀《しょうきんぎん》の集中化を図ったものであった。

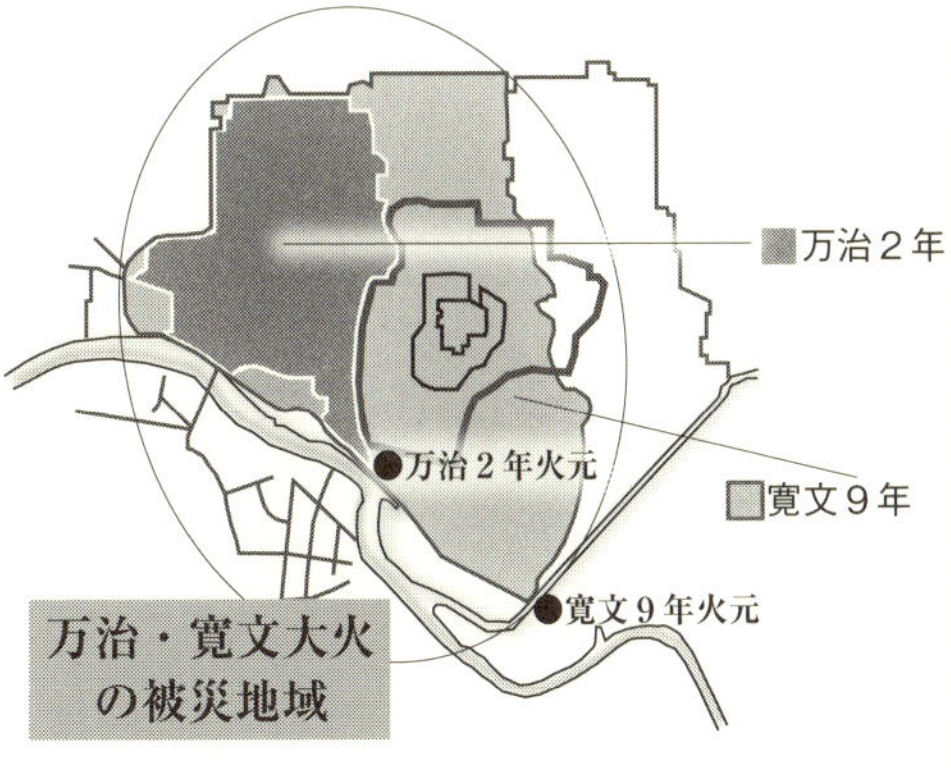

藩札（寛文二年の銀札）（金屋家蔵）

藩札は、領内での流通が原則であるが、その信用力によっては藩外でも用いられ、福井藩札も京・大坂や近国で流通していた。

藩札の発行を担当した役所を〝札所《ふだしょ》〟といった。札所奉行以下の諸役人が業務を行ったが、城下商人の経済力に依存したものであって、札元の慶松五左衛門・金屋七兵衛が実権を握り、両替座の駒屋善右衛門・荒木七郎右衛門が実務を統轄していた。金屋は藩札発行の資金として一万両を調達しており、藩札には駒屋・荒木両名の名が印刷されていた。

発行された藩札は、百匁札（一両）から一分札まで約二〇種に及んでいた。両替座は、福井城下の中心に当たる北陸道と足羽川が交差する九十九橋北詰めに設けられ、両替所の札場は領内要所の三国・金津・府中（武生）・粟田部・今庄などに置かれていた。

藩内の借米と幕府からの借銀

家臣団は〝士分〟と〝卒★〟で構成され、家禄として知行を給与されていた士分がいうまでもなく主力となって藩を支えていた。「光通公御家中給帳」（松平文庫）に収録されている「御家中」と称された六五三人が士分である。このうちの約八割に当たる五三四人が給人（知行取）であり、残りの一一九名が蔵米取であ

福井城下眺望図（部分）。九十九橋（大橋）北詰めにあった両替座（京町通りをへだて大きな屋根２軒）
（福井市立郷土歴史博物館蔵）

▼卒
家臣団は士分と卒で構成されていたが、士分が家禄を世襲していたのに対し、卒は一代抱えであった。卒の俸給は職務給で、職の昇進や降格等で給与が変わった。

った。

当時福井藩では地方知行制を採用しており、給人は知行所として村方を指定され、農民から直接年貢を徴収していた。

寛文八年（一六六八）五月、藩は給人に対し、地方知行制を廃して藩財政の補塡のために借知（借米）することを申し渡している。藩では給人の過去七年間の年貢率を平均して、それを下まわる新年貢率を算定し、差額の禄米を借米として強制徴収した。「借米」は名目に過ぎず、返還されることはなかった。具体例によって借米の実態を明らかにしたい。

知行六千石の上級武士松平主馬は、一八カ村の知行所の平均年貢率は三九パーセントであったが、勘定所は新年貢率（新取米率）を三六パーセントに査定して差額の禄米を借米として藩庫に納めさせた。知行高二百石の八木平六の場合は、知行地五カ村の平均年貢率が四〇パーセントであったのに対し、新取米率は三七パーセントとされ、三パーセント分が借米として藩に徴収されている。知行取以外の士分や卒なども給禄の一定率を「借米」の名目で上納を余儀なくされたのであった。

福井藩は、越前国内にあった幕府領である勝山領三万五千石を、正保元年（一六四四）以来、預所として管理した。明暦元年（一六五五）、福井藩は預所の物成り（年貢）を、三カ年間借用することを幕府に要請し認められている。

その後も継続して拝借の延長を認められ、寛文七年（一六六七）まで、都合十三年間にわたり拝借したのであった。拝借した物成りの合計額を銀高に換算すると六四二八貫（約一一万六八七五両）となり、一年平均では約四九四貫（八九九〇両）に及んでいた。

これまで藩札の発行、藩士よりの借米、幕府からの借銀についてみてきたが、それでも藩財政の回復には至らなかった。

延宝二年（一六七四）三月に光通が急逝したことで、前述したように実弟昌親が藩主に就任した。新藩主も財政再建に努めたが、同四年の福井藩の借銀累計額は二万貫に達した。当時、藩の歳入銀は五七五八貫であったので、藩は歳入の三年分超の借財に悩まされていたのであった。

大安寺創建

大安寺開山の大愚《だいぐ》宗築《そうちく》は、臨済宗妙心寺派本山の住職となった高僧で、その後も播磨の法幢寺など、各地に寺院を再興する活動を行っていた。

明暦二年（一六五六）、光通は「永代先祖墳墓之地」としての一寺建立を大愚に望み、再三の招請によって万治元年（一六五八）に越前に来ている。大愚の尽力によって現在の地田《た》ノ谷《たに》の山中に「諸堂並御石塔御造営」が成就したのは同三年

大安寺図（部分）（大安禅寺蔵）

のことであった（「大安寺由緒書」）。同寺は中世寺院田谷寺《でんこくじ》の再興であった。

大安寺は、現在においても山中伽藍の遺構を良好に伝存していることから、近年本堂など五棟が重要文化財に指定されている。

万治二年に創建された本堂の障壁画を制作したのは、福井藩の御用絵師狩野元《もと》昭《あき》であった。元昭の師匠は徳川将軍家の奥絵師★狩野安信である。元昭の父は狩野了之《りょうし》といった。寛永十五年（一六三八）に忠昌に召し抱えられて福井藩の絵師となり、万治三年に没するまで、元昭と共に光通に仕えていた。了之の最晩年の作品としては、「布袋図」が大安寺に伝えられている。

元昭の作品として大安寺に遺存されているものには「十六羅漢渡海図」など四二面の襖絵《ふすまえ》と共に、光通と大愚の肖像画があり、すぐれた画技がうかがえる。

工芸では、出色《しゅっしょく》の出来映えとして高く評価されているものに、光通と大愚の等身大の坐像がある。御像堂（開基堂）に安置されている「松平光通坐像」は、延宝五年（一六七七）に当時の住職黙印素《もくいんそ》周《しゅう》の発願により、京都の仏師康乗（運慶の末裔）が制作している。

▼奥絵師
幕府に御用絵師として仕えた狩野派には四家の奥絵師とその下に一六家の表絵師がいた。狩野安信は四家のうちの中橋家。

本堂襖絵「十六羅漢渡海図」（部分／狩野元昭筆）（大安禅寺蔵）

5

三国湊と領内の浦方

福井藩の外港として、また北前船の中継基地として発展を遂げてきた三国湊。九頭竜川と日本海との接点に位置する三国湊の有力町人は、藩の保護を受けて伸張しながらも、藩の厳重な統制下に置かれていた。

港の発展

越前国の西端は日本海である。越前岬付近で大きく張り出している越前海岸は、現在「テクノポート福井」となっているかつての三里浜を除いて、岩石海岸が続いている。この地域は、「越前加賀海岸国定公園」に指定されている風光明媚な土地柄でもある。テクノポート福井に近接している九頭竜川の河口には、福井藩の外港三国湊があり、一方越前海岸の南端の敦賀湾には敦賀湊がある。

また、この海岸線には『正保郷帳』（一六四六）によると五九カ村の浦々があった。その後、福井藩は「貞享の半知」（一六八六）で越前国の大半を失い、享保九年（一七二四）に三十万石に回復するが、その藩領域には三国湊と二四村の浦方（うち一〇村は浜方ともいう）があった。その湊と浦方の様相について述べるこ

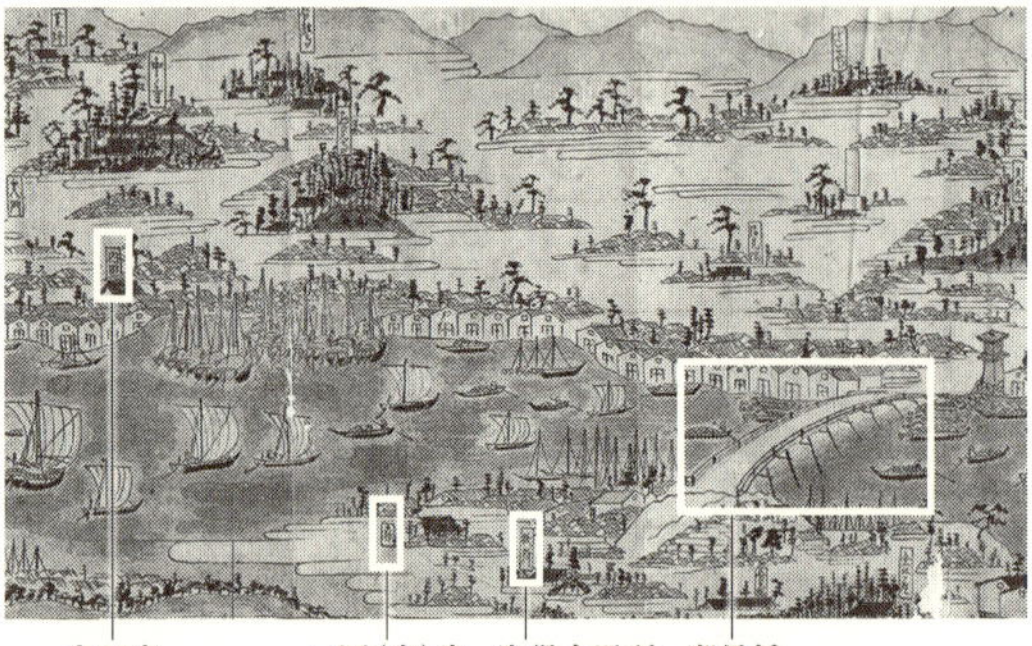

越前三国湊風景之図（部分）（みくに龍翔館蔵）

とにしたい。

三国湊は、九頭竜川と日本海との接点という地の利を生かして、河口右岸の地に福井藩の外港として発展を遂げた。その九頭竜川は、足羽川・日野川という二大支流の他、多くの支流によって越前各地と結ばれていた。

また、三国湊は、隣接する丸岡藩領の滝谷村や対岸の泥原新保浦《どろはらしんぼうら》（福井藩領）との争論を通じて港の権益を確保しつつ、商品経済の発達や北前船交易の隆盛とも相まって、日本海側を代表する中継基地の一つとして発展を遂げていった。

近世初期の三国湊は、いまだ発展途上の過程にあったが、十七世紀の中頃から港町としての街区が整備されていった。三国湊は金津奉行の支配下にあり、森田・内田両家をはじめ有力町人が問丸《といまる》★や町役人の要職を占め、自治的な運営が行われていた。

港は下町と上新町に二分され、その戸口は安永二年（一七七三）を事例にみると、下町が七九五軒・三〇一二人、上新町は三五〇軒・一八三六人、都合一一四五軒・四八四八人であった。幕末期の元治元年（一八六四）では、戸口総数が一五八一軒で六四二七人に増大している。

浦を象徴する船の保有数もみておこう。安永二年には渡海船二五艘・道舟九艘であったものが、幕末期の慶応元年（一八六五）には渡海船六四艘・道舟六艘・水役舟三二艘・川舟三四艘に著しく増大していた。

▼問丸
交通上の要地となった港湾で、倉庫業・舟人宿などを営んだ者。

幕末期から明治初年にかけて北前船主が台頭し、三国湊は繁栄の極みに達している。ちなみに越前で最大の港、敦賀の人口の推移をみると、宝永六年（一七〇九）一万二二九六人、享保十一年（一七二六）一万九一三人、天保十一年（一八四〇）は八九五二人と漸減《ぜんげん》している。敦賀湊は西廻り海運の発展と裏腹に衰微《すいび》し、三国湊と明暗を分けているのである。

日本海の西廻り航路が開発されたのは寛文十二年（一六七二）のことであり、これを契機として北海道・奥羽・北陸の北国と大坂が下関経由で結ばれ、上方に大量の米や物資が輸送されることになった。積載された品は、北国の船主たちが自前で各地から買い付けたものであり、いわゆる「買積船」であった。

この船のことを九州・瀬戸内の人々が「北前船」と呼称したことから、北前船として周知されるようになるが、北国の地元では「北前船」とは呼んでいなかったのである。

三国湊から下関経由で大坂に搬出された物資は二〇〇種を超えた。輸送された主要なものは米穀と菜種油であるが、福井藩などの廻米を取り上げておこう。

享保十八年十二月から翌年十二月までに、三国において取り立てた口銭の銀高は六貫九九六匁であったという。これは米三三万三一五〇俵が売買された分に相当し、したがって毎月二万俵から五万俵の米が三国湊で取り引きされていたのであった。

弁才船模型
（右近権左衛門氏蔵）

三国湊に搬入されたものでは海産物・魚肥・塩・藍等が挙げられる。

越前海岸の浦々から搬入される海産物を扱う魚問屋は、三国湊に二軒あった。福井城下には宝暦十三年（一七六三）の事例では、小売りの魚屋が一七一軒あったという。これだけ多い魚屋の存在は、魚介類が庶民の食生活に深く根を下ろしていたことをうかがわせるものである。

三国湊は、福井藩の手厚い保護を受けていた反面、沖ノ口法度や沖ノ口条目の制定によって、厳重な統制と監督下に置かれていた。

沖ノ口法度が制定されたのは寛永三年（一六二六）のことで、移出入の大綱が二一カ条にまとめられ、津留《つどめ》の品々や難船の処置、問屋の荷物の取り扱いなどの諸規定が明示されている。

沖ノ口条目は貞享四年（一六八七）に定められたもので、港にかかわる役人の服務規程など二一カ条から成り立っている。この条目については毎年正月、金津奉行が問丸・舟問屋・長町人などに読み聞かせることが恒例となっていた。

ところで、三国は河港であったために、港湾の維持・管理に難問を抱えていた。下町辺りで九頭竜川に竹田川が合流しているため、対岸の泥原新保浦（福井藩領）に比して水流が弱くなり、そのために河口の港側に砂が堆積《たいせき》した。

水深が浅くなり船の出入りに支障が生じ、港としての機能が低下した。対岸の泥原新保浦に長さ一〇〇間《けん》の堰堤《せきてい》（灌頂寺枠）を設けてもいたが、根本的な解決にはなり得なかった。また、三国湊から対岸までの川幅は二百三十間余あったが、それに対して河口の水戸口の幅は三五間に過ぎなかった。前記の水深の問題もあり、大船の入津《にゅうしん》が容易でなかったことから、廻船業は苦難に直面していたのである。

浦方の漁業

福井城下より西に約二〇キロメートルに立地する福井藩領の蒲生浦《がもう》を取り上げる。西は日本海に開け、東は丹生《にう》山地が迫り、北で茱崎《ぐみざき》浦と接していた。

蒲生は、年未詳の「蒲生浦明細書上」によると村高三十四石余に過ぎないが、それに対し「免拾」とある。免（税率）一〇割というのはいかにも高過ぎるが、その税が負担できるほどに漁業生産高を維持していたということでもある。この近辺における規模の大きな漁業基地であったといえる。ちなみに当浦の戸口は、明治初めであるが、家数二〇二戸・人口一二〇九人であった（『足羽県地理誌』明治五年）。

元禄五年（一六九二）の史料に「沖猟船一五艘」とみえ、慶長十八年（一六一三）「越前諸浦の役舟および肴割」（『越前国名蹟考』）では蒲生の「役舟九艘」とあるので、かなり増えている。

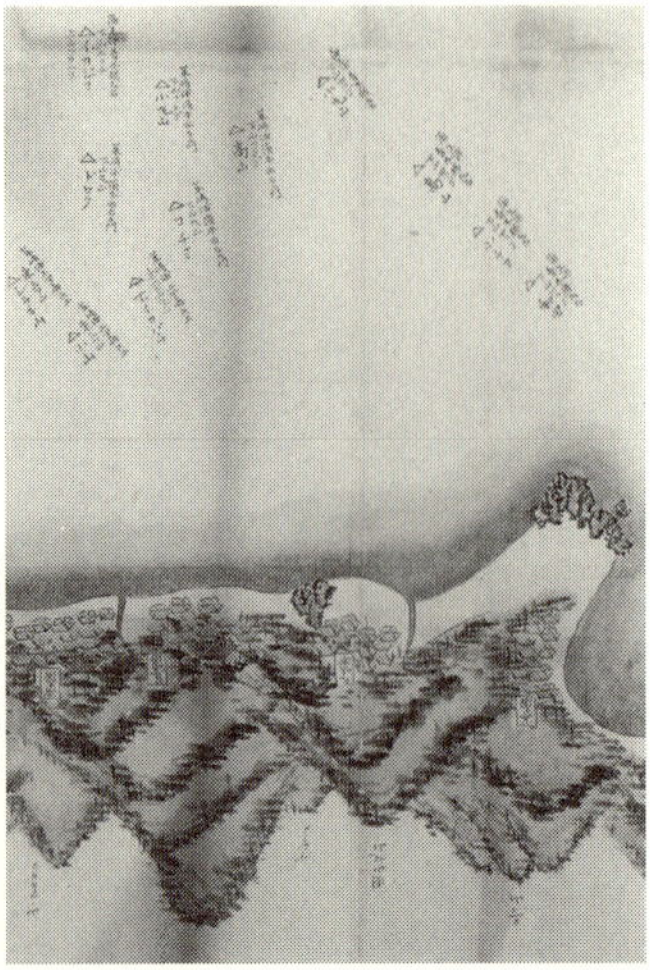

「鰐漬木場山当図」《しいらづけきばやまあて》（部分）
図の左側が蒲生、茱崎の海岸線
（青木喬氏蔵）

その後、享保十四年（一七二九）の史料「惣村舟猟之代付米渡シ指引帳」（青木喬家文書）では大舟一一艘・小舟一一艘・がんぞう舟三艘・磯見舟四艘合計二九艘と更に増加している。

船主には、大舟・小舟といった六人から七人乗りの沖猟船の船主が二〇人、それにがんぞう舟・磯舟といった二〜三人乗りの小舟の船主が七人いたが、実はこのうち船主儀兵衛は沖猟船二艘とがんそう舟・磯舟各一艘を所有しており、庄左衛門（青木）も沖猟船二艘を持っているいずれも船元であった。元禄五年の時点では複数の船を所有する船元はいなかったので、新しいタイプの漁業経営者が現われたことになる。とりわけ庄左衛門は庄屋であり、魚仲買人と酒造業も兼ねていた。

ところで、漁獲物であるが、沖猟船ではかれいとかながしらであった。がんぞう舟や磯舟ではふぐ・ひらめ・えび・あわびなどを漁獲していた。沖猟のかれい・かながしらは一四人の魚仲買人に買い取られ、ふぐ・ひらめ・えび・あわび等は駄賃持ちに福井城下の魚町に運ばせて売り捌いている。

蒲生浦は、福井藩恒例の幕府への初鱈《はつたら》・寒鱈《かんたら》献上にもかかわっていたので、触れておきたい。蒲生浦の青木喬家文書によると、延宝六年（一六七八）・元禄十七年（一七〇四）・安永元年（一七七二）に初鱈・寒鱈御用を務めたことから、福井藩主への年頭御礼のため、福井城に登城する栄誉を得ていた。寒鱈献上について

福井藩十二ヶ月年中行事絵巻「十一月　献上寒鱈早駈の図」（福井市立郷土歴史博物館蔵）

は『越前国名蹟考』（井上翼章編、文化十二年〔一八一五〕）によると、隣浦の茱崎も加わっていたのであった。

浜方の製塩業

『越前国名蹟考』の免鳥村（坂井郡）の項に〝三里浜〟として「泥原新保浦ヨリ浜住迄ヲ云、此行程二里二十九丁、幅九百間、塩焼浜ナリ」とある。美しい浜辺であったが、現今はテクノポート福井となり、著しく変貌した。

江戸時代、三里浜の人々は農業だけでは生活できず、漁業（地引網）や製塩業に従事していたのである。三里浜東側に福井藩の御立山★国見岳の山麓が広がっていたことから、近隣の村々では「浜郷二一カ村」という組合を結成し、藩に入山料を支払い、製塩用の燃料を入手してその活用を図っていた。

実は、三里浜における製塩業は福井藩の成立よりも早く、慶長三年（一五九八）七月の「坂井郡村々塩浜検地帳」（「広浜家文書」）によって、既に越前で最大の製塩基地であったことがうかがえる。そこには一三カ村の所有者ごとに塩田と塩釜数が書き上げられている。

このように三里浜の製塩は近世の開幕とともに開始しているが、近世中期以降低迷するようになる。日本海海運の発展に伴って全国各地から良質の塩が安価に

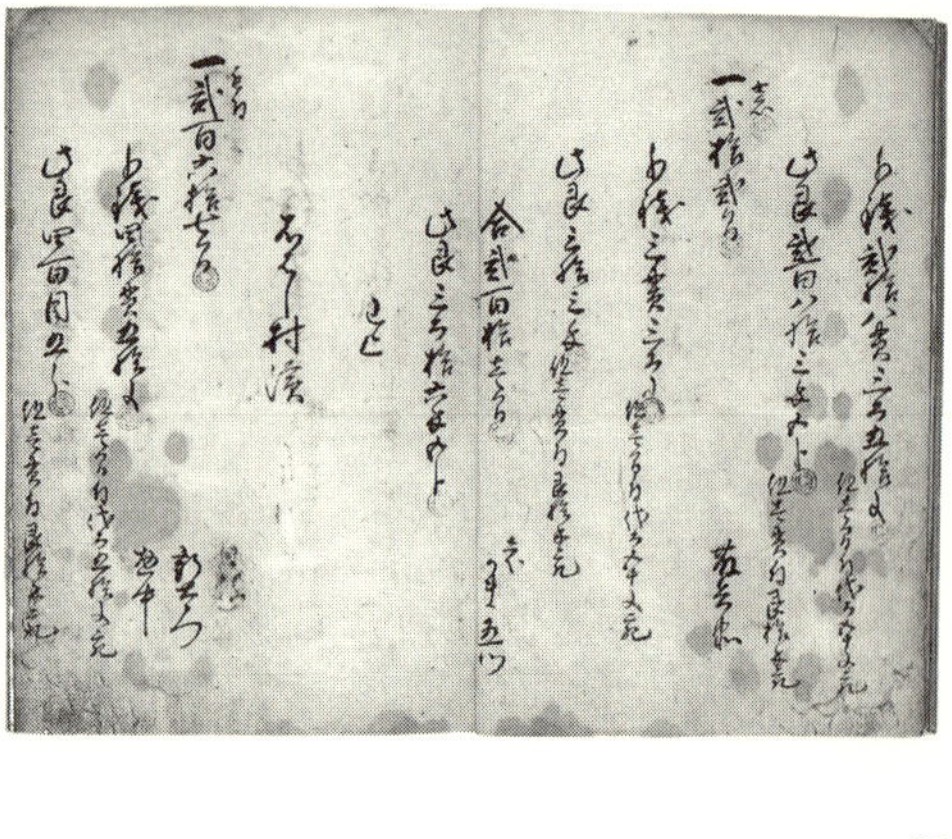

塩浜検地帳
（広浜伊左衛門氏蔵）

▼御立山
幕府・諸藩が直接管理・保護した山林。

入手できるようになり、三里浜の製塩業では太刀打ちできなくなったのである。文政三年（一八二〇）の史料によると、最盛期においては浜郷二一カ村に塩釜所有者が一一四軒あり、製塩業で豊かな生活をしていた。しかし、現在ではわずかに八軒にまで衰微している、と記されている。瀬戸内海の良質の塩が、三里浜に近接する三国湊に大量に搬入されるようになったからであった。

これも福井

観光名所
永平寺（吉田郡永平寺町志比）と
東尋坊（坂井市三国町安島）

永平寺

曹洞宗大本山。開山は道元（一二〇〇～一二五三）。宋国から帰朝し曹洞禅を日本に伝えるために布教活動を行う。開基は波多野義重、越前志比庄の地頭で京に滞在中、道元より教化を受けた。

寛元元年（一二四三）七月、道元は教団をあげて越前に赴き、志比《しい》庄吉峰《よしみね》寺に入った。同四年、現在地の志比の幽境に吉祥山永平寺を建立。建長五年（一二五三）、病勢が亢進したので同寺を去り、同年八月二十八日五十四歳で京にて没した。

江戸期に入り法系の異なる総持寺（当時石川県門前町）と出世道場をめぐる対立があったが、天和元年（一六八一）、江戸幕府は永平寺を曹洞宗本山とした。同寺には秀康母万が元和五年（一六一九）十二月六日卒去の折分骨されており、四代藩主松平忠昌の墓所がある。

永平寺は現在、毎年一〇〇人を超える宗門の子弟が雲水として修行にのぼる曹洞宗の道場である。また、寺内には壇信徒の参禅の場として吉祥閣《きちじょうかく》があり、一般人に開かれた道場ともなっている。

永平寺を訪れる参拝者や観光客は年間一四〇万人、門前には旅館・民宿・土産物店が軒を連ねる。永平寺そばが有名。北陸自動車道の福井インターより約十五分。

東尋坊

三国町北西部にある海食崖《かいしょくがい》。高二三メートルに及ぶ輝石安山岩が柱状節理の奇観をみせる。昭和十年（一九三五）、国の天然記念物に指定された。

その名の由来としては、福井藩士松波正有の享保期（一七一六～一七三六）の著書『帰鴈記《きがんき》』の中に、弁・智・力に長けた東尋坊という平泉寺の悪僧が、謀られて、この断崖から墜死《ついし》したと伝えている。

福井県観光連盟提供

越前加賀海岸国定公園の一角、海岸にそそり立つ奇巌は、伝説からもわかるように古くから景勝地として知られていた。

昭和七年（一九三二）、安島に隣接する米ヶ脇に三国・芦原電鉄（現えちぜん鉄道）の東尋坊駅が設置されてから観光開発が進展した。

その探勝には、岸壁の上から覗《のぞ》き見下ろすように眺めるのもよいが、遊覧船で海上から見物するのも自然の雄大さが満喫できて素晴らしい。近接する雄島には式内大湊神社がある。

第三章　貞享の半知と藩の再生

半減された領国内に漂う不穏な空気に対処し、遂に家格を回復。

❶ 再編を余儀なくされた吉品

苛酷な大名統制策をとった将軍綱吉によって、七代藩主綱昌は領地没収。
六代藩主だった昌親が、半減された福井の藩主として再び八代目に就任。
名を吉品と改めた昌親は、家格の回復に十八年の歳月を要さねばならなかった。

改易された綱昌

貞享三年（一六八六）閏三月六日、将軍徳川綱吉は七代福井藩主松平綱昌の所領四十七万五千石余を没収した。「貞享の半知」とか「貞享の大法」ともいわれる事件で、福井藩内の複雑な事情と幕府の厳しい大名統制策がその背景にあったことがうかがえる。

それは延宝二年（一六七四）三月二十四日の五代藩主光通の自刃と、その直後の後継者選びにまでさかのぼる。光通は庶子権蔵を認知しようとしなかったことと、庶弟の松岡藩主松平昌勝との間には密やかな葛藤があった。そのような事情もあってか、光通は生前に老中六名宛に末弟の昌親（吉江藩主）を後継としたい旨の書状を認め、書き置きとして託していた（寛文十一年〔一六七一〕四月二十日付

綱昌花押

書状)。

同年五月六日、幕府は故人の遺志を尊重して昌親(当時三十五歳)に本藩を継承させた。昌親は、兄昌勝への配慮から、昌勝の嫡子綱昌(十四歳)に速やかに藩主の座を譲ることを条件として彼を養子に迎えた。事実、二年後の同四年七月、昌親は家督を綱昌に譲り、自らは後見人となって実質上政務を統轄した。

綱昌は、天和元年(一六八一)以降公務を一切果たさず、藩主在任十年の貞享三年(一六八六)、引退を余儀なくされた(二十六歳)。

福井藩の史書『国事叢記』には「不宜病気之旨達上聞、御大法有之ニ付而越前守(綱昌)領国被召上」とある。大法に抵触する「不宜《よろしからず》」病気といえば精神病と考えられる。

福井藩松平家系図(1)

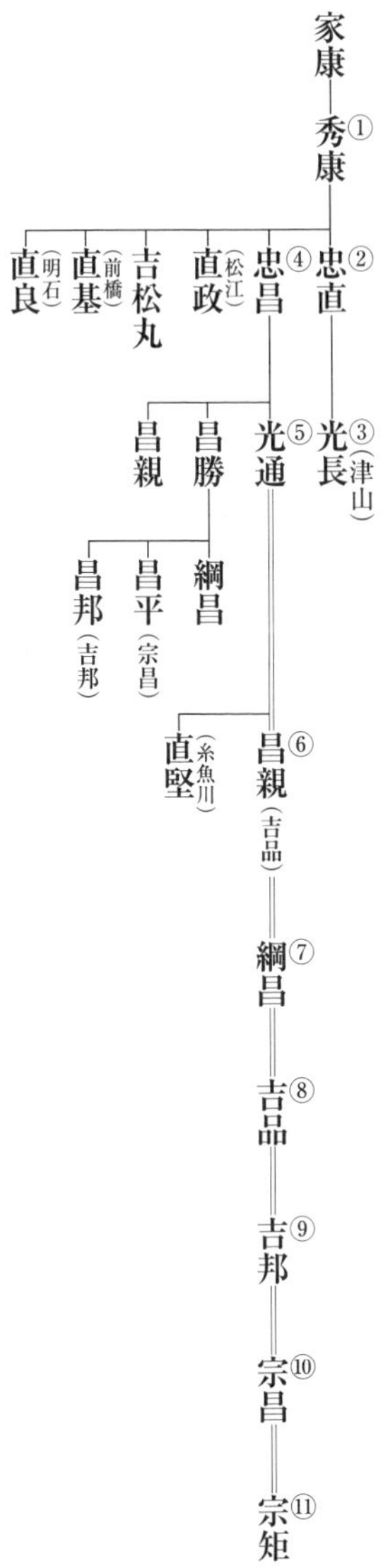

『徳川実紀』では「福井城主松平越前守綱昌失心せるをもて封地四十七万五千石収公せられ」としている。その「失心」であるが、藩邸内で綱昌が出入りの旗本大草太郎左衛門の佩刀《はいとう》を奪ったことがその発端であるとされている。その顛末について、家老が昌親の命を受けて幕府に届けたところ、幕閣では酒狂の沙汰として不問にしようとした。ところが、藩側から「酒狂ニ而ハ無之乱心」と再三にわたり申し入れたことから、改易に決定したといわれる（『国事叢記』）。

前掲の幕府正史では綱昌改易の理由を「失心」としているが、当時の幕府側の記録の中には相反する見解のものもあった。元禄三年（一六九〇）頃、幕府高官の隠密が集めた情報を基にまとめられた大名評判記『土芥寇讎記《どかいこうしゅうき》』がそれである。「松平兵部大輔昌親」の項に改易の経緯が詳述されているが、お家騒動の典型ともいうべきものである。前藩主昌親は、後見人として万事政務に関与するつもりでいたが意のままにならず、藩主綱昌と不和になっていった。相互不信の挙げ句、養子を乱心者として幕府に訴え、藩主の座から退けたというのである。この養父子の骨肉の争いに乗じて、幕府が大名統制策を発動して厳しく処罰したことが、綱昌改易の実体ともいえよう。

将軍綱吉は、天和元年に一門の越後高田藩主松平光長を改易にするなど多くの大名を処分しており、当時は大名にとって過酷な時代であったのでもある。

綱昌代と吉品代の領知高

	綱昌代領知高	吉品代領知高
足羽郡	89,945石	90,023石
吉田郡	59,676石	59,895石
坂井郡	129,366石	38,283石
今立郡	81,427石	29,502石
丹生郡	66,213石	12,286石
南条郡	33,955石	20,011石
大野郡	14,495石	0石
計	475,077石	250,000石

石高は斗を四捨五入した。

領国半減の影響

綱昌の領知没収直後、幕府は異例のことであるが、養父昌親に越前国内で所領二十五万石を新知として与えている。「貞享の半知」といわれるゆえんである。幕府が例外的措置を講じたのは、当時、福井松平家が秀康系一門大名の宗家《そうけ》であったことによるものであった。同家は、二代将軍秀忠の兄に当たる秀康の末裔であり、昌親は秀康の孫であった。昌親は再勤と同時に名を昌明《まさあき》と改め、その後宝永元年（一七〇四）には、時の五代将軍綱吉の一字を賜り、吉品《よしのり》と改名している。

福井藩の新領知は、貞享三年（一六八六）八月に幕府より「郷村高付帳」が交付されて確定した。福井城下に隣接する足羽・吉田両郡の旧領は安堵され、大野郡の領知は消滅した。残る坂井・今立・南条・丹生四郡でも激減している。削減された二十二万五千石は幕府領になった。

吉品は、領知が半減したことで、余儀なく家臣団の再編に着手した。

同年六月、譜代の家臣二百九十余人に、召し放ちの旨を伝えている。給人（知行取）百九十余人が含まれ、上士若干名も浪人となっている。

同時に与力二一六人と卒約一〇〇〇人も解雇された。最下層の使用人などを含めると二千人余の人員が削減されている。その他家族を含めると実に多くの人々

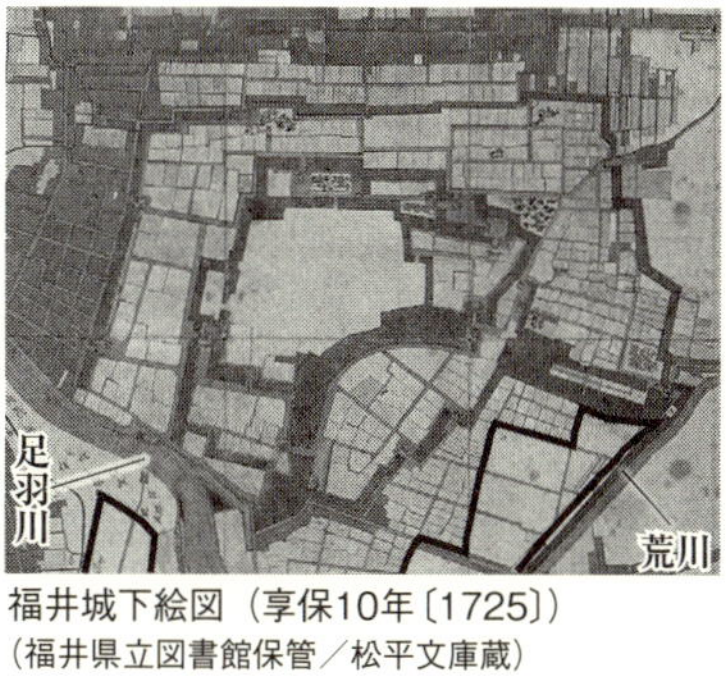

福井城下絵図（享保10年〔1725〕）
（福井県立図書館保管／松平文庫蔵）

福井城下絵図（貞享２年〔1685〕）
（『福井市史　絵図・地図』）
（福井県立図書館保管／松平文庫蔵）

両城下図を比較すると、周辺部の武家屋敷の激減がわかる

再編を余儀なくされた吉品

が城下町から消えたことになる。

残留した士卒については、元禄期の「松平吉品給帳」によると士分が四百八十余家で、卒は約二四〇〇人である。貞享二年と正徳三年（一七一三）に藩が作成した城下絵図を比較してみると、城下町の衰退が一目瞭然である。城下東部の広大な武家地や城下町周辺の与力町跡地、卒の組長屋跡地が畠地と化していて、「貞享の半知」が城下町に及ぼした影響が深刻であったことがうかがえる。

残留することになった藩士も安堵できるような状況ではなく、給禄が著しく減少し厳しい生活を余儀なくされたのであった。

まず、士分についてみると知行取は知行が原則として半知となっている。家臣団筆頭の府中本多家は四万石の知行が二万石に半減した。切米取の士は三十石七人扶持の家禄の者は二十五石五人扶持といったように逓減《ていげん》している。

下級藩士のように職務に対応した給禄を与えられた者は、その職禄が小役人ならば切米二十五石が十八石に、徒《かち》の切米は十七石が十五石、小算《こさん》★の十三石は十石、下代（手代）の十石は八石に、といったように減禄されている。

給禄の削減にとどまらず、藩士の困窮を募らせたものに、藩の「借米」の恒常化がある。元禄七年（一六九四）、参勤費用に支障が生じたことを理由に、藩士の給禄の一部上納を命じたことに始まる。

士分の借米の率をみると一割・七歩・五歩の三段階があり、知行六百石以上の

▼小算
会計の実務担当者。

上士で一割、切米二十石以下の微禄の士で五歩の強制徴収である。「借米」は名目に過ぎず、返還されることはなかったのである。

領民への対応と藩政組織

「貞享の半知」がもたらした影響は深刻なものがあり、藩士・領民の動揺を抑えて藩の体制を引き締める必要があった。その最も早い対応に従来の法令の再編があり、元禄四年（一六九一）には「御用諸式目」として新体制に向けた編成を終えている（『福井県史　資料編3　中近世一』所収）。

全六六の法令の集成であり、貞享四年（一六八七）に改訂されたものも多く、その典型が「在々条目」である。三一カ条からなる農民統制の基本法で、その奥書には「庄屋方ニ写置、毎年正月・七月両度無懈怠村中之者ニ為読聞」とあり、周知徹底が図られている。年貢負担者である農民の生活は禁令の網に覆われ、厳しく支配されていた。

半知によって惹起《じゃっき》された混乱に藩札問題がある。藩札は、もとより領内流通が原則であるが、福井藩札はその信用力によって京・大坂や近国にも流通していた。それが停止するというので動揺したが、札銀高《さつぎんたか》の三分の二を破棄し、三分の一を新札に交換することで沈静化させている。

　貞享四年には幕命により流通が中止されたが、この時は総札高九三九貫のうち四七九貫余の藩札を所持していた藩士と領民が破棄に協力し、残りを銀札一〇〇匁につき金一両で両替することで回収を図っている。

　ところで、「貞享の半知」以前に、既に藩財政の窮乏は顕在化していたのであり、京・大津の上方商人への借銀返済も滞納していた。貞享三年六月、藩は債権者に苦境を訴えて、当分の返済猶予を申し入れていたことも付け加えておこう。

　藩政組織は、大名の領知高に対応しており、その増減によってその規模が変化している。貞享三年、松平綱昌の所領四十七万五千石が没収され、異例のことながら、同時に前藩主で養父の吉品に、旧領内において新知二十五万石が与えられた。領国が半減し、家臣団も縮小したことで、組織の改革を余儀なくされている。その中枢の変化を明らかにすることで、「半知」の影響をうかがってみたい。

　上士の要職に書院番頭・留守居番頭・大番頭がある。中士《ちゅうし》は、主要な役職に就任するまでは、右のいずれかの番頭が指揮する番組に番士として所属した。

　書院番組は藩主に近侍する者で、概して番士の勤務歴の長い者や文武に秀でた者が選抜されている。

　留守居番組は、その名が示すように、戦時における国許守備を任務としていた。そのため領内の事情に精通していることが求められた。年貢徴収の責任者である代官はその良い例で、留守居番組に属していた。

大番組の番士は、書院番組や留守居番組に属さぬ役職に就き、戦時においては先鋒隊として戦闘の最前線で活躍したのであった。

上記三番組が、半知を機にどのように変化したかについて、簡単に述べておく。書院番組は、四組一一二人から二組五七人となり、番頭・番士のいずれも半減している。

留守居番組は、六組九〇人が二組四二人となっている。半知以前の留守居番組六組は城代（一人）の指揮下にあったが、半知後は専任の留守居番頭（二人）が新設され、留守居番組は半知により半減している。

大番組は、六組二一〇人が四組一三九人に減員となっている。大番組は軍事力の中核となっていたので、番頭・番士ともに半減にはいたらなかった。

次いで、足軽大将と俗称されている物頭《ものがしら》について二例を取り上げておこう。

まず藩主側近の足軽隊を指揮した側《そば》物頭であるが、半知前の側物頭八人と所属足軽一六八人が、頭三人と足軽六三人に激減している。

次に戦陣において突破力となった先物《さきもの》頭であるが、半知前の一六人が一二人となり、部下の足軽は三二〇人が半知後二四〇人に減少している。

大名は軍事力を重視していたが、福井藩においては半知後に戦闘力の低下が避け難いこととなった。

以上、番方《ばんかた》についてみてきたが、次に役方の主要役職を取り上げておこう。

まず、財務の責任者である御奉行であるが、半知にかかわりなく定員三人は維持された。部下には事務方の下代と末端の業務を果たしていた足軽がいた。半知前は下代三人と足軽四五人の体制であったが、半知後下代は九人に増員され、足軽も減員されることなく四五人が維持された。領知削減に伴う危機管理のためか、体制は維持され、業務の中心となっていた下代はむしろ強化されている。

民政にかかわった町奉行と郡奉行についてもみておきたい。

町奉行所では半知後に町奉行は二人が一人に、奉行を補佐する役与力は六人が三人に、足軽は三〇人が二〇人にと、いずれも減少している。

農民の支配に当たった郡奉行は、領知の減少に伴い奉行は四人から二人に、奉行を補佐した下代は一二人が四人に激減している。しかし、農民に接していた足軽は半知前の四〇人が維持されている。なお、足軽は「組之者」といわれていたことを付記しておく。

福井藩松平家の家格と別邸

大名の序列は、領知高の多寡ではなく、家格によっていた。家格の高さを示すものとして、江戸城における元朝《がんちょう》の列座・総下座、諱字拝領を取り上げてみたい。

養浩館の主要建物群（右）と御座の間からの景観（「養浩館パンフレット」より）

綱昌の代でみると、元日朝の列座では、御三家の末席で将軍に拝謁していた。総下座というのは江戸城の諸門で守衛が身分の高い大名に下座して送迎することであり、綱昌は延宝八年（一六八〇）よりその待遇を受けていた。

諱字拝領では、歴代藩主が元服時に将軍の実名の一字を拝領しているが、綱昌も延宝三年十一月の元服の折に、将軍家綱の「綱」の諱字を拝領したのであった。半知後、福井藩松平家の家格は著しく低下し、上述の厚遇はすべて停止されている。それでは吉品の代において、その回復はどのように果たされたのであろうか。

まず、元朝の列座であるが、その復活は元禄十六年（一七〇三）からであった。諱字の拝領は翌宝永元年（一七〇四）十月のことで、将軍綱吉の一字「吉」を賜り吉品と改めている。家格の回復には実に十八年の歳月を要したのであった。

御泉水屋敷《おせんすいやしき》「養浩館」（宝永三丁目）は、本丸の東北に立地する藩主の別邸であった。現存する唯一の藩主の住居址で、来訪者が多い（国指定名勝）。忠昌の代に造営に着手されたようだが、吉品代に大規模な改修が行われ、敷地内に大きな池泉をもつ回遊式庭園となった。

大改修の時期について、「家譜」では元禄二年（一六八九）十月四日の条に「御泉水・御茶屋御普請成就」とあり、『国事叢記』では同十二年六月朔日（一日）の条で回遊式庭園と池畔に数寄屋風書院が完成したことを伝えている。しかし、

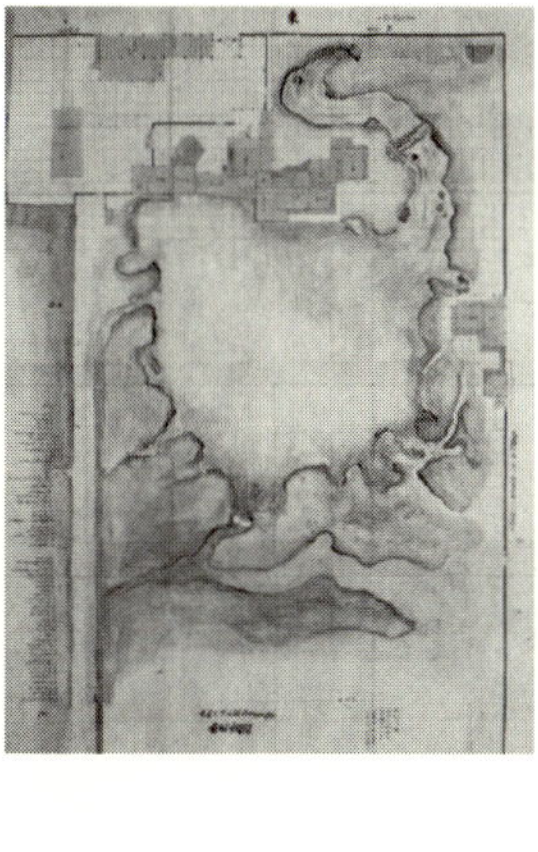

御泉水指図
（「養浩館パンフレット」より）

同十一年暮れに江戸藩邸が全焼して、翌十二年はその再建に忙殺されていることからみて、元禄十二年の大改修は妥当性が低いようだ。

この時期に庭園の大改修を実施したことには、「貞享の半知」以後、沈滞ムードにあった城下町を活性化させたいとの意図がこめられていたようである。後年、藩主慶永《よしなが》（春嶽《しゅんがく》）は自著の中で「貧民救助のため手間賃を高く被遣造築し給ふともいう」（『真雪草子』）と述べており、改修事業に貧民救済の側面があったことがうかがえる。

足羽山の西南麓にある瑞源寺（足羽五丁目）は、吉品（昌親）の代に創建された福井藩の菩提寺の一つである。

現存する本堂・書院はいずれも福井城本丸屋形の遺構であり、十五代藩主斉承《なりつぐ》の代の天保元・二年（一八三〇・一八三一）に建築されたものである。

本堂は、本丸御殿の御小座敷であったもので、書院は、本丸御殿大奥の〝御座の間〟として用いられていた。本堂は、万延元年（一八六〇）、吉品の一五〇回忌法要のために、現在地に移築されている。財政難に喘《あえ》いでいた福井藩は、城内で不用の建築物を再利用することで寺側の要請に応えたのであった。そのことが幸いして、本丸屋形の唯一の遺構として、近年、県指定文化財となっている。

瑞源寺書院

瑞源寺本堂

◆2 吉邦の治政が綱紀を糺す

越前国内は諸大名領の新設や廃止が繰り返され、幕府領も変動を重ねた。
〝有徳の君〟九代藩主吉邦の代には坂井郡のほとんどが福井藩預所になった。
また、吉邦死後には松岡藩を併合し、三十万石を領するまでに復した。

〝有徳の君〟と取り沙汰

吉品《よしのり》は、元禄十四年（一七〇一）に、兄昌勝の六男吉邦（昌邦）を養子に迎えている。松岡藩主松平昌勝は同六年に死去しており、二代目の松岡藩主には吉邦の兄昌平《まさひら》（のち宗昌）が就任していたので弟が本家に入ったのである。

宝永七年（一七一〇）七月、吉品が隠居して吉邦が九代藩主に就任した。当時三十歳。翌正徳元年（一七一一）九月には七十二歳で養父吉品が死去している。

吉邦の藩主としての評価は高く、「有徳の君と他国迄も取沙汰」されており、その治績は『明君言動録』によってうかがうことができる。

藩主に就任した翌正徳元年二月、吉邦は、初入国の費用調達のために、家老が町方・在方★に対して三五〇〇両の御用金を賦課したことを知って、これを叱責《しっせき》し

吉邦花押

▼町方・在方
町方は商工業者居住区域。在方は、町方に対して農村を指す。町在。

ている。参勤は不測の事柄でないので御用金を課すのは不当であり、領民の信頼を失うことになるというのがその理由であった。

吉邦は両家老に対し、「入方・出方の算用正しからず、用・不用の勘弁疎なる故に今入部といえばなき筈の事到来したる如く俄に用金抔可申付段以《もって》の外」と咎めている。家老を厳しく説諭した後で、勘定所の責任者である田中条左衛門に、直接御用金の賦課を中止するように命じている。

実は、田中は「貞享の半知」の折、前藩主の意向に添って藩の歳入を上げるべく、同僚でもある給人の夫米《ぶまい》・口米を節倹と称して藩庫に収奪した張本人でもあった。

吉邦は「倹約というは無用を省み有用を足事なり……あたふべき俸禄・扶助を減じ、不儀を顧みず無礼を慎しまずして是を倹約の仕方なりと心得たる輩あり、是は吝嗇《りんしょく》というべし、倹約といふべからず。吝嗇は君主の悪む処」として、暗に吉品の施政を批判している。田中は翌二年五月勘定所の奉行職を解任され、その後追罰として武士の身分を剥奪されている。

吉邦は、正徳元年十一月に初入国して家臣に施政方針を示し、その中で、信賞・必罰を行うことを明言し、信賞の事例としては、『明君言動録』の中で、享保五年（一七二〇）に表彰された孝子一人と節婦二人のことが詳細に記されている。（一七四頁参照）必罰の事例としては前掲の田中条左衛門がその典型といえよう。

吉邦の領内統治については、幕府内でも高く評価されていた。享保五年六月、越前国内の幕府領十万五千石余が福井藩預所となったが、それも吉邦の治政を高く評価していたからであった。担当の老中であった水野忠之は、「御料も見習、手本ニも成候様ニ仕置可申付、兼而仕置宜相聞候故之旨」とその理由を述べている。

吉邦は、その晩年に藩の記録類の考証に深く関与しており、『諸士先祖之記』と『城跡考』の編纂を命じている。

『諸士先祖之記』は家臣の系譜に真偽不詳のものが多いことから、藩として改訂・集成を試みたものである。

城跡の調査は、平時においても戦乱の時代を忘れぬためであって、越前八郡の城跡三三〇カ所が調査された。

『諸士先祖之記』全六冊（松平文庫）は享保六年十一月中に完成をみたが、同年十二月四日に吉邦は逝去しており、その成果を見届けることはなかった。

越前の幕府領と福井藩預所

貞享三年（一六八六）閏三月、福井藩領は半知となり、二十二万五千石余が幕府領に編入された。かくして越前の幕府領は、従来の一万石と返還された福井藩

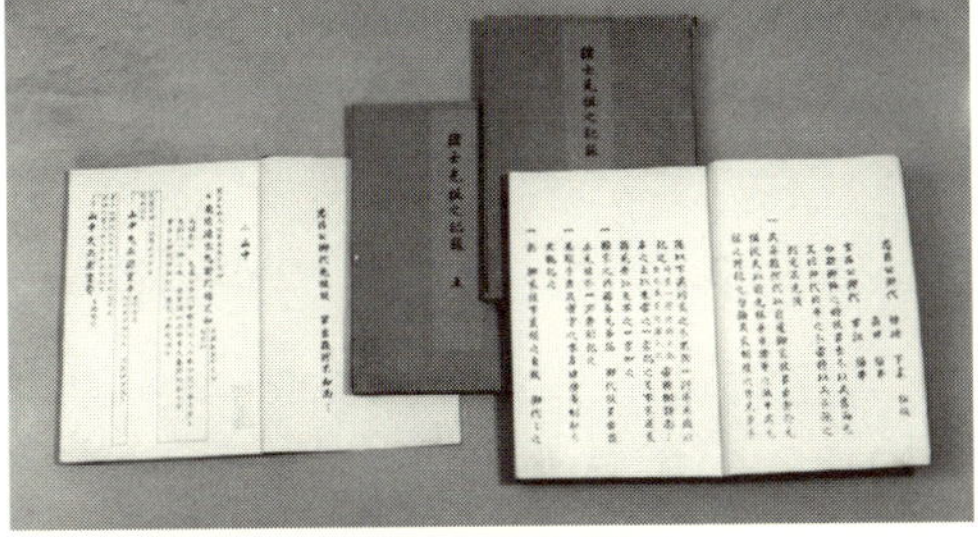

『諸士先祖之記』（内題「諸士先祖之記録」）
（『松平文庫　福井藩史料目録』より）
（福井県立図書館保管／松平文庫蔵）

預所三万五千石（勝山領）も加えて都合二十七万石に増大した。

元禄期に入って、元禄四年（一六九一）に勝山藩二万五千石が成立、その後も大名領の新設や廃止が繰り返されて幕府領は著しく変動を重ね、享保五年（一七二〇）に鯖江藩五万石の誕生をみて、越前に本拠を置く大名領も確定し、幕府領も十七万石余で一応の定着をみている。また、同年には福井藩預所も復活した。

幕府領の管理には、代官支配の直轄領と、近隣の大名に支配を委《ゆだ》ねる預所方式とがあった。八代将軍吉宗は、年貢収量が低迷していたことから、代官支配を刷《さっ》新《しん》するために、統治に成果を上げている一一藩の大名に管理を委ねる預所を復活させた。

吉邦の藩政も高く評価され、越前の幕府領十七万石のうち十万五千石余が福井藩預所とされた。当時の越前における幕府直轄領では年貢徴収の効率が悪く、代官所経費にも無駄が多かったことから、吉邦の手腕に期待したのであった。

福井藩預所は、坂井郡八万三千石余と丹生郡二万二千石余であり、越前において最大の郡域をもつ坂井郡に預所が集中していた。坂井郡には福井藩の外港である三国湊もあり、自領（三万八千石余）を加えて一円的に支配できる政治的効果は福井藩にとっても大きなものがあった。

吉邦は、預所管内の約二〇〇カ村に対し、幕府の許可を得て「預所在々条目」三四カ条を公布し、政治支配に万全を期していた。

松岡藩の廃藩

享保六年（一七二一）十二月四日、藩内外からその手腕が期待されていた吉邦が急死した。享年四十一歳であった。吉邦には男子がなく、生前秀康の五男直基《なおもと》の曾孫にあたる千次郎（のちの宗矩《むねのり》）を仮養子としていたが、吉邦死去の折、七歳の少年でしかなかった。

福井松平家は秀康が藩祖であったことから、後継者の決定には幕府がかかわっていた。秀康系の大名は九家（越前福井・出雲松江・陸奥白川・美作津山・播磨明石・越前松岡・出雲広瀬・出雲母里《もり》・越後糸魚川）あり、福井松平家が宗家となっていたので、少年を後継者にすることはできなかった。

そこで候補者として急浮上したのが、松岡藩主松平昌平《まさひら》であった。昌平は吉邦の実兄であり、秀康の曾孫で忠昌の孫でもあった。千次郎を昌平の養子とし、成長後に吉邦の遺子勝姫と婚姻することで、忠昌系の血統の維持も図られる良策と考えられた。

享保六年十二月十一日、幕府は昌平に対し、吉邦の遺封《いほう》を継承することを命じた。松岡藩五万石を吸収することで福井藩領は三十万石となった。そして昌平は、将軍吉宗の諱字を賜り、宗昌と改称している。

宗昌代の新領知高（享保9年）

	領知高	村数
足羽郡	91,298石	159
吉田郡	77,286石	134
坂井郡	49,061石	128
今立郡	33,206石	50
丹生郡	24,686石	82
南条郡	21,268石	59
大野郡	3,194石	6
計	約300,000石	618

石高は斗を四捨五入した。

松岡藩を併合したことで福井城下に隣接する足羽・吉田両郡全域が福井藩領に回復している。家臣団も松岡旧臣を加えて著しく増加した。ちなみに旧松岡藩の家臣は士分一八五家と卒三百九十余人であった。ただし、卒は一部を除いて原則として解雇されている。

松岡旧臣の上士層は随時福井城周辺に屋敷替えになったが、全家中屋敷の移転について幕府の許可が出たのは享保十年であり、福井引っ越しが完了したのは元文四年（一七三九）のことであった。

松岡旧臣の中士層は、足羽川以南の毛矢《けや》地区一万五〇〇〇坪や城東の桜馬場前九四〇〇坪、東光寺裏五〇〇〇坪に移住した。「貞享の半知」によって生じた城下の広大な空閑地は、こうして松岡旧臣の居住地域として回復をみたのであった。

③ 秀康の末裔宗矩襲封

在任期間二年五カ月で急逝した十代藩主宗昌のあとには、秀康の血筋を引く宗矩が藩主の座に就き、名門復活に専念するようになった。将軍吉宗はその思いに応え、一橋家の嫡子を宗矩の養子に入れた。

深まる世情不安

享保九年（一七二四）四月二十七日、第十代福井藩主松平宗昌は、在任わずか二年五カ月で急逝した、享年五十歳。十歳の千次郎（宗矩）が藩主となった。前述したように千次郎は、秀康五男直基の曾孫であり、秀康の血統を継承するために迎えられたのである。藩主が弱年のため幕府から国目付が派遣され、翌十年五月より十一月まで福井に滞在し、領内を入念に巡視して監察の任務を果たしている。

享保十一年十二月、千次郎は江戸城内で元服し、将軍吉宗の諱字を拝領して宗矩と名乗り、従四位下侍従に叙任され、兵部大輔を兼ねた。「兵部大輔」に補任されたのは、正徳元年（一七一一）に七十一歳で死去した養父宗昌の先々代藩主

宗矩花押

である兵部大輔吉品にあやかってのことであった。吉邦・宗昌と短命の藩主が続いたことから、幕府なりに気配りを示したものといえよう。

宗矩は、就任早々に厳しい財政難に直面したが、窮乏の対応としては最も安易な、家臣に対する借米と領民への御用金の賦課に依存した。享保九年八月、家臣に対して借米を申し渡し、翌九月には京の御用商人たちに対して両三年借金返済を猶予してほしいと懇請している。同十二年八月には「御勝手不如意」を理由に更なる借米を家中に申し付け、町在に対しては総額五〇〇〇両の御用金を課した。

当時の藩財政が極めて深刻な状況にあったことは、翌十三年九月に菩提寺の運正寺や福井東照宮の泉蔵院に対しても、借米を申し入れていることによく現われている。藩祖秀康、秀康の父である家康を祀《まつ》る寺社も例外でなく、「借米」の名目で給禄が削減されていたのであった。

享保十七年、西日本で蝗《いなご》の害が発生して米価高となり、翌十八年に入ると福井藩領内においても飢餓対策が、当面する大きな課題となった。同年春、三人の郡奉行が所管する上・中・下三領の飢人数《きにんずう》を調べると上領二六一八人、中領二九八二人、下領二八四八人であった。飢餓人の最も多い中領を取り上げ、その後数年にわたる農民の動向をうかがってみることにしたい。

中領担当の郡奉行片山与三右衛門が、享保十八年一月二十九日に藩に報告した飢渇《きかつ》男女の人数は六〇八人であった。それが、三月十六日付の報告になると、前掲のように二九八二人に急増しているのである。この時点では組頭（大庄屋）や村役人が協力し救済に当たった。救恤《きゅうじゅつ》のために放出された物資をみると、白米一石・米十八石九斗余・籾米《もみごめ》五十五石・稗《ひえ》五十一石余・麦十石三斗余・大豆四石六斗余・粉糠《こぬか》四石五斗余・黍《きび》一斗六升余・塩九斗・薪五〇束、それに銀四五〇匁とかなりの成果を上げていた。

この年の秋も不作であったが、藩が厳しく年貢取り立てを行ったことから〝欠け落ち人〟が続出した。十九年に入り藩は欠け落ち人防止に躍起となったが効果なく、この年の暮れには厳しい〝停止触《ちょうじ》れ〟を出している。

享保二十年、藩はその防止のために厳罰を適用することになった。同年三月、藩は世帯主が欠け落ちした場合、妻子を居村《いむら》追放の処分とすることにした。郡奉行が容赦なく断行したことから、六月までに中領管内で一七村の男女一五九人が居村からの〝追放〟の処分を受けている。翌元文元年（一七三六）四月にも一二三人が村追放になった。

領民にとって過重な負担であったものに御用金があるが、寛保期（一七四一〜四四）に入り巨額の調達が続いた。寛保元年八月、将軍吉宗が右大臣、嫡男家重が右大将、孫家治が元服して権大納言に任じられた。その祝儀として老中を能興行に招く費用にあてるため、福井藩に三万両の御用金が割り当てられた。同三年八月には、後述するように〝日光御普請御手伝〟として六万五〇〇〇両が課せられている。幕府の御用金は領民に転嫁された。

寛延元年（一七四八）、福井城下を震撼させた領民の騒擾《そうじょう》事件は、御用金に依存する政策が行き詰まり、破綻した好例といえる。同年一月二十二日、町在に御用金五万五〇〇〇両を賦課したことがその発端であった。二月中旬、福井城下は、「村邑細民等笠蓑を被り、城下に抵り、同じく之を訴ふ（謂二之蓑虫《これをみのむしという》一）」（『越藩史略』）という不穏な形勢となった。三月十四日、家老は町奉行・金津奉行、それに三人の郡奉行に対し、御用金の賦課は当分延期する、と申し渡すことを余儀なくされたのであった。

日光修復手伝普請

福井藩は、十八世紀前半において、大名の課役である〝手伝普請〟を集中的に果たしている。宝永元年（一七〇四）の吉品の代における江戸城石垣・櫓・城門の修復工事、享保元年（一七一六）の吉邦の時に実施された七代将軍家継廟の造営工事、さらに宗矩の代では寛保三年（一七四三）・延享元年（一七四四）の両年に東照宮・大猷院（家光）廟の大修理などを命じられている。これら造営・修理の助役《すけやく》（手伝普請《ふしん》）を成就するためには多大の費用を要し、家中・領民に過重な負担を課すことになった。

江戸城修復は、元禄十六年（一七〇三）十一月二十二日の江戸大地震によって石垣・櫓・城門などが著しく損壊したことによるもので、多くの大名が復旧の助役を命じられた。

吉品は、翌宝永元年（一七〇四）三月に六名の中小の大名と共に助役を申し渡された。福井藩が担当した丁場は、本丸二重櫓など櫓・城門・石垣四カ所の修復であった。総奉行の家老以下士分六〇人と卒二四〇人が動員されている。四月下旬に着手し十月中に完了したが、修復の費用として藩士に借米、領民に御用金が課せられた。

御用金は、四月に〝普請手伝〟として町在に二万一〇〇〇両を命じているが、十月にさらに一万両の追加負担を課した。

借米は、九月に入り申し渡された。借米率は、給禄に応じて細分化され、最高の国老である府中本多家が一六パーセント、下級の足軽で七パーセントであった。

家継廟の造営は、吉邦と小浜藩主酒井忠音両名が助役を分担している。総奉行の家老以下士分六〇人と卒二五〇人が従事し、享保元年八月に着手して翌二年五月に完成している。その費用は、家臣からの借米と領民の御用金で捻出した。御用金の額は町在に三万両、借米率は江戸城修復の折と同率であった。

手伝普請の最大規模のものは日光修復手伝普請である。寛保三年（一七四三）八月に古河藩と共に普請助役を申し渡されている。東照宮・大猷院廟《たいゆういんびょう》・輪王寺《りんのうじ》の修復が対象で、その期間は延享元年九月に至る一年余の大工事であった。宗矩は、藩祖秀康の父君に当たる家康の廟所が修復対象になっていたことから、冥加の至りであるとしてその達成に並々ならぬ意欲を示している。以下、日光修復手伝普請の概要について述べたい。

まず、修復に動員された藩士であるが、総奉行の家老以下、士分が約一七〇人、卒は一〇〇〇人を超えた。最下層の荒子《あらしこ》★なども約一三〇〇人が徴用されている。

修復費用の調達であるが、例によって藩士に対する借米と領民に対する御用金に依存していた。

「借米」という名目の上納金は、給禄に応じて強制的に徴収された。借米率は、上士で一六パーセント、知行取の士分で一四パーセントから一一パーセント、足軽には三パーセントが課せられている。

御用金は町人・農民に対して六万五〇〇〇両という過大な金額を求めた。福井城下の町人に対する割り当ては二万七〇〇〇両で、五〇〇両以上の高額負担者には、新屋《あたらしや》三右衛門（一〇〇〇両）はじめ金屋弥助・慶松五右衛門・米屋《こめや》善右衛門・布屋《ぬのや》加右衛門・米屋猪三郎の名がみえる。

修復の事業であるが、手斧始《ちょうなはじめ》の儀式が行われたのが寛保三年八月で、翌延享元年九月六日に東照宮の正遷宮、次いで同月八日に大猷院廟の正遷座が行われた。日光修復の重任を無事に果たした宗矩も、晴れて正遷宮・正遷座の儀式に参列し

▼荒子
藩の常雇いの雑役従事者。卒は武士であるが、荒子は武士の身分ではない。

たのであった。

家格回復の悲願

宗矩は晩年に至って福井松平家の家格再興に尽力した。そもそも宗矩は秀康の血統を絶やさぬために宗昌の養子に迎えられたのであった。それに加えて先々代藩主吉邦の遺子勝姫を正室とすることで、忠昌系の維持を図ることも使命とされていた。

ところが、寛保三年（一七四三）勝姫は一子を生むこともなく先立って他界したことで、先代宗昌まで続いた忠昌系の血統は絶えたのである。このことを契機に、宗矩は将軍家一門より養子を迎えることで家格の上昇を図ることに専念するようになった。

延享四年（一七四七）六月十二日付の「宗矩公御養子御貰受ノ節思召書御親書」（松平文庫蔵）は宗矩の意図を明確に示すものである。

一族や重臣は家門の存続を図るため、宗矩に対してしきりに再婚を勧めたが、彼はそれに耳を貸さなかった。宗矩は、実子がいないことで将軍一族から養子を迎え、それによって福井松平家の家格を昔日の高さに戻したいと考えていたのである。

宗矩がそのことを前将軍吉宗に請願したところ認められた。吉宗が受け入れたのには二つの理由があった。

その一つは、家康が関ヶ原戦で勝利したのは秀康が上杉景勝を牽制した大功に負うところが大きかった、その秀康の末裔である福井松平家を粗略に扱えないというのである。

もう一つは宗矩が大名として秀でているので、一橋家の嫡子を養子に入れて身近に置き、見習わせたいともいうのである。

吉宗には三人の男子がいた。長男家重が将軍職を継承し、二男宗武と三男宗尹《むねただ》は江戸城内に屋敷を与えられて分家を興し、宗武は田安徳川家、宗尹は一橋徳川家の創始者となった。田安・一橋両家の当主は、将軍家に後継者不在の場合に将軍を継承することとなっていた。その一橋家から福井松平家へ養子に入るというので、当時としては極めて異例のこととして注目された。

延享四年六月、一橋宗尹の嫡男於義丸《おぎまる》（のちの重昌）が養子に決定し、一橋邸より常盤橋の福井藩上屋敷に移った。時に於義丸は五歳の幼児であった。

宗矩は寛延二年（一七四九）十月に死去、享年三十五歳であった。

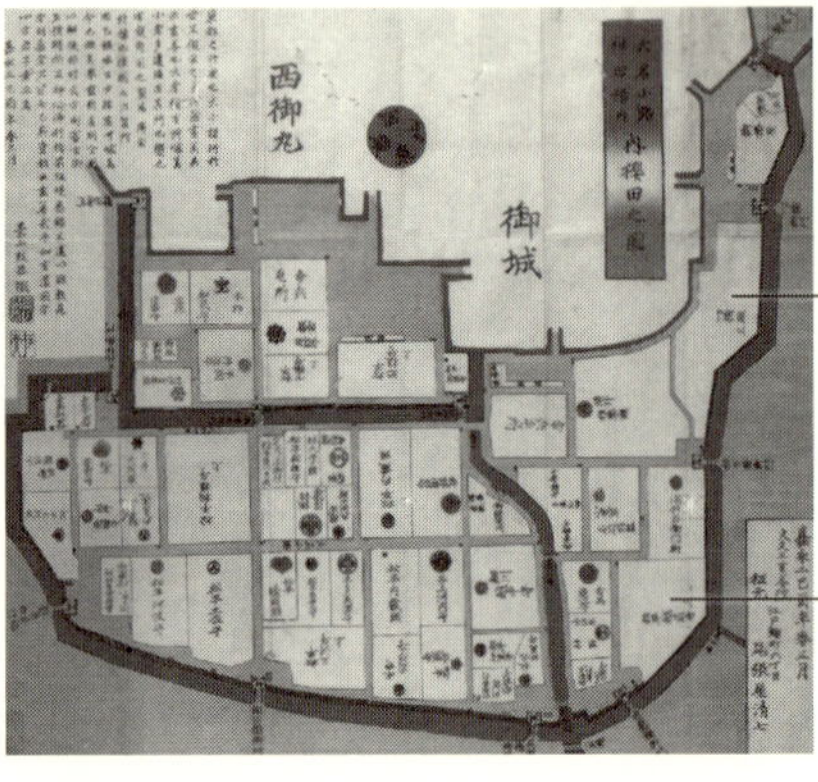

「内桜田之図」（『福井藩と江戸』より）
（福井県立図書館保管／松平文庫蔵）

第四章 転換期の福井藩

財政悪化は進むばかりで、頼ったところは将軍家との深い血縁関係。

1 家格の上昇と困窮する財政

幼くして一橋家出身の重昌が十二代藩主に就くが早世し、再度一橋家から十三代目として重富が迎えられ、家格は上昇し出費は嵩んだ。奢侈も手伝い、赤字財政に拍車がかかり、一揆などの騒擾事件も勃発。

将軍家連枝の名門

徳川宗尹の長男於義丸《おぎまる》（重昌）は、延享四年（一七四七）十二月、宗矩の養子となり、一橋邸より常盤橋の福井藩上屋敷に移った。寛延二年（一七四九）十月には養父宗矩が死去し、十二代の藩主に就任している。当時七歳の少年であった。

この時、福井藩の重臣たちは不甲斐ないことに藩主が未成年のため家老になることに尻込みし、幕府に藩主の実父徳川宗尹の後見を要請している。

それに対して老中より重臣間に意見の不一致があれば宗尹の命令に従うようにと指示があり、一橋徳川家が福井藩の政務にかかわることが公認されたのであった。また、藩主が未成年であることから預所の管理を解かれ、十万五千石余が幕府直轄領に戻されている。

重昌花押

宝暦五年（一七五五）、於義丸は江戸城中において元服し、将軍家重の偏諱《へんき》を賜り重昌と称し、従四位上少将に叙任された。半知後においては世嗣ぎの元服時の官職が侍従であったこと、養父宗矩の極官が従四位下であったことからみて、重昌の官位官職は大名としての格式が高められたことを示している。

福井藩松平家系図（2）将軍家との血縁関係

●福井藩松平家、■将軍家、□一橋家、○田安家の代数

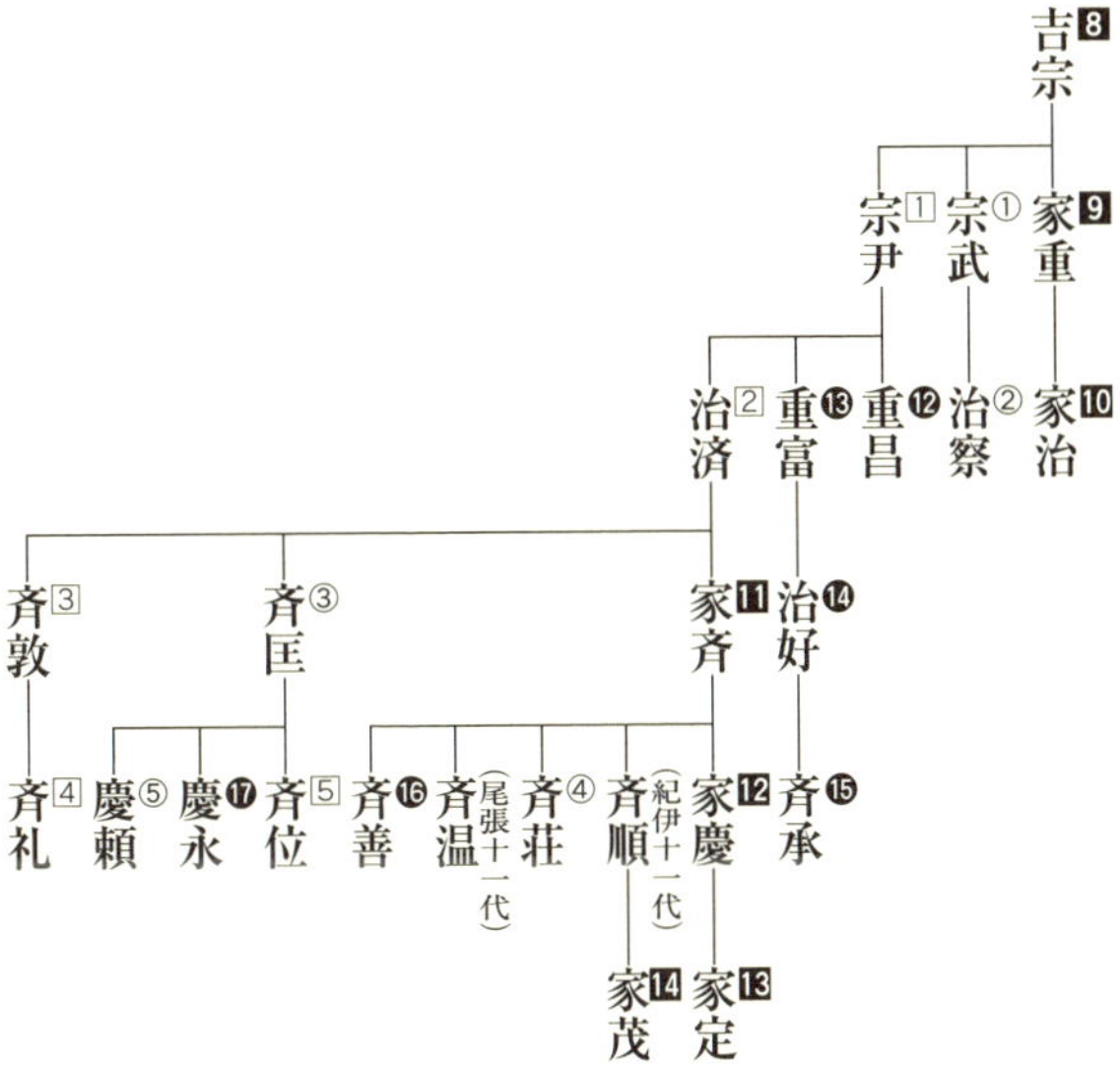

重富花押

ところが、将来を大いに期待されていた重昌は同八年に十六歳の若さで病没した。藩主が十七歳未満で死去すると、その大名家は廃絶されることが慣例であった。

しかし、福井松平家については将軍家一門としての家柄を配慮して存続が図られ、再度一橋徳川家の嫡子重富が実兄重昌の遺封を継承することになった。当時十一歳の少年で、仙之助と称していたが、同十年に元服して将軍家重の一字を拝領し重富と改め、兄同様に従四位上少将に叙任されている。同十三年には待望の幕府預所も復活し、八万三千石余の幕府領を管理することになった。

重富は、寛政十一年（一七九九）に致仕《ちし》するまで四十一年の長きにわたり藩主の地位にとどまり、官職は天明七年（一七八七）に中将に昇進し、官位は寛政十年に正四位下に叙せられている。この高い官位は、福井藩の〝中興の祖〟ともいえる松平忠昌と同じで、宗矩の悲願が成就したのであった。

重富の高い官位と官職はいうまでもなく、将軍家との濃厚な血縁関係に基づくものである。重富は藩主在任中三人の将軍に仕えたが、九代将軍家重は伯父、十代家治は従兄、十一代将軍家斉《いえなり》は甥にあたっていた。将軍家斉は、重富の実弟で一橋徳川家を相続した治済《はるさだ》の長男であった。このように一橋家を介して将軍家と緊密に結ばれたことにより、必然的に福井松平家の家風は著しく変化していった。

後年、松平慶永（春嶽）は著書『真雪草子』の中で重富に言及し、「一橋家の風を学ぶ御様子也、右ゆえに以前の質朴倹素は追々に消却して公儀風の奢侈《しゃし》になり」と述べている。

行き詰まった金融政策

一橋徳川家から藩主を迎えたことで、福井松平家の大名としての家格は著しく上昇した。しかし、慶永（春嶽）がいっているように藩風が公儀風に変わったことからもわかるように、奢侈が浸透したことで慢性的な赤字財政にさらに拍車がかかったのである。

重昌は、就任五年目の宝暦四年（一七五四）五月、町在に対して才覚金《さいかくきん》として二万五〇〇〇両を賦課した。実は、寛延元年（一七四八）一月、先代宗矩が御用金五万五〇〇〇両を課したところ、騒擾事件となって中止を余儀なくされるという苦い経験がある。それだけに調達には慎重を期して、二十年賦で返済するとの特段の配慮も行っていた。

福井藩の窮迫した財政事情は幕府高官の間でも問題視されていたようで、重富が藩主に就任した宝暦八年十二月に、側用人大岡忠光が藩の重臣を非公式に呼びつけて子細に尋ねている。その席で、大岡は藩政の不備を指摘して「百人之処ハ十人ニ減シ、百之物を十ニ差略」（「家譜」）すれば大藩なので立て直せると、藩政担当者に覚悟を促している。

出費の増大による財政悪化に加え、宝暦五年には凶作によって一層困窮が募った。翌六年に窮余の一策として講じられた金融政策が、「他国商為替銀貸付所」の設置であった。期間を十カ年に限定し、資金は藩庫・家中・町在が共同出資している。町在については一戸につき、年に銀二四匁を徴収していた。積立銀は商人への貸し付けを目的とし、商人の仕入れや為替銀などに活用された。

このように、表向きには商業振興策を標榜していたが、その実、藩費調達の苦肉の策でもあったのである。この事業は同十年にその運用に行き詰まり、浪花《なにわ》商人牧村清右衛門や大和屋勘兵衛の資金援助を得て、「天賜録（天四六）趣法」として再編されることになった。この施策の実態は明らかでないが、牧村と大和屋は、庶民から「だます狐」と揶揄《やゆ》されていた。

家臣の給禄の一部を上納させる「借米」も、この頃になると恒常化していた。宝暦十一年一月、家臣一同に申し渡した借米は「高より半分三カ年」という過酷なものであった。給禄の五割の上納を求めた所謂「半減」で、この年が最初の「半減」であった。

ここで注目したいのは、上士に対して借米の期間中「持ち馬」を免除していることである。藩では知行三百石以上の家臣に馬の常備を義務づけていたが、千石未満の武士には、本務ともいえる日常の軍備をも免除したのであった。

明和の大一揆

十八世紀の半ば、幕藩体制は大きく行き詰まり、民衆の蜂起が全国各地で生じた。越前国内外の顕著な事例をみると、宝暦六年（一七五六）一月、越前の幕府領内で本保騒動★の強訴《ごうそ》と打ち毀《こわ》しが起こり、同八年には隣国美濃において郡上藩領の大一揆が数年続き、藩主金森家が改易に処せられている。

明和五年（一七六八）二月、福井藩主松平重富は、帰国費用の調達のため五万五〇〇〇両の才覚金（御用金）を領民に課したが、領民がそれに応ずる気配はみられなかった。三月に入り、二十二日に福井城下の町方困窮者たちが徒党を組み、救い米の支給を要求、二十四日に至り村方からも百姓が行動を起こしたことから、藩側も弾圧の体制に入って入牢者《じゅろうしゃ》も出た。翌二十五日に様相が急変し、城下で民衆の打ち毀しが始まった。

藩の勝手御用達★であった極印屋《ごくいんや》と美濃屋が襲撃され、藩側では大工頭で公定の枡《ます》を管理していた藤間家がその標的となった。藩の御用達でもあった富商の新屋・慶松両家は一揆勢に酒食を供し、からくもその難を免《まぬが》れている。藩は、二十六日に一揆勢の圧力に押されて御用金の中止と入牢者の釈放に応じたが、鎮静化せず三月二十九日にはピークに達し、旧城下町の松岡にも飛び火して打ち毀しがみら

▼本保騒動
幕府領の本保代官所支配地域で発生した惣百姓一揆。幕府代官の要請で、福井・鯖江・大野三藩の藩兵が出動している。

▼勝手御用達
「勝手」は藩財政のこと、それにかかわる御用商人。

れた。

一揆の参加者は、打ち毀しが発生した二十五日が約七〇〇〇人、翌二十六日二〇〇〇人、二十八日で七〇〇〇人、二十九日に至って約二万人と鰻上《うなぎのぼ》りに増大していった。二万人といえば、当時の福井城下における町方人口に相当する。町人よりもむしろ領内各地の農民が、陸続《りくぞく》と城下に押し入った状況がうかがえる。一揆勢は打ち毀しにおいても物品の横領はなく、拍子木《ひょうしぎ》に合わせて規律を守って行動していることから、指導者層による周到な事前の準備があったこともうかがわせる。

三月二十九日、門閥の高知席★の四人の代表が一揆首脳と対面し、要求の一切に応ずることを伝え、一件落着した。一揆側の成果は大きく、御用金の撤回にとどまらず、年貢負担の軽減を始め、従来の問題点の是正や改革についても藩側は応ぜざるを得なかった。一揆参加者に対する処罰は一切なく、むしろ七月に入り、事件当時の財政・民政の責任者が交代や降格を余儀なくされたのであった。

幕府の威光に縋る

明和五年（一七六八）、藩財政は一段と厳しい局面を迎えた。前述のように藩主帰国の路用金不足から、御用金を賦課したことが契機となり、三月下旬、越前に

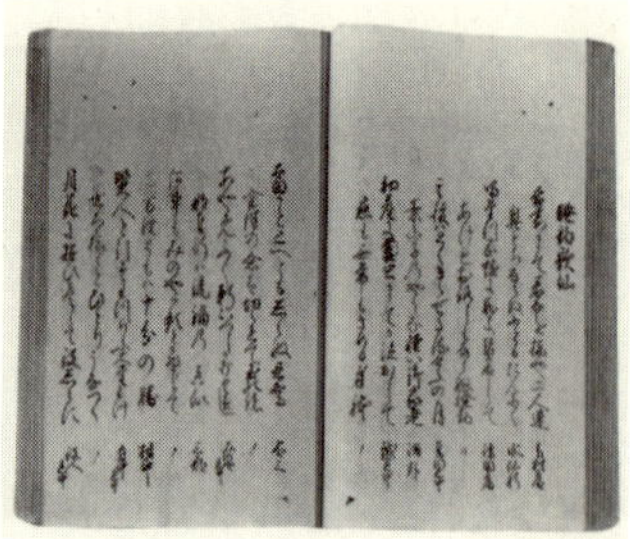

明和一揆ざれ句「騒動歌仙」
（『福井市史資料３近世一』）

▼高知席
最上層の家格で一〇家前後。この席から家老や城代が選任される。

おける最大規模の百姓一揆が勃発し、福井城下を震撼させた。領民の激しい抵抗に遭遇し、藩内から御用金を徴収することが不可能になった。

同年六月、江戸詰めの重臣は出入りの町人を招いて供応し、帰国費用の融通を要請したが、応諾する者はいなかった。出発直前となり、藩主腹臣の一柳新九郎が奔走して、四人の町人から三〇〇〇両を工面し、何とか急場を凌ぐことができた。かくして江戸での調達が至難であることも明らかになった。残されたのは大坂であるが、有効な手蔓《てづる》はなかった。

そこで一計を案じて考え出されたのが、幕府の威光に縋《すが》ることであった。金策担当の奉行一柳新九郎は明和七年二月に政治工作に着手した。幕府を動かす重要な役割を果たしたのが、重富の実弟である一橋治済であった。一橋家を介して幕府に頼み、幕府の関係筋が大坂の有徳《うとく》の町人を動かすという作戦である。

江戸の中心になったのは老中松平武元であった。幕府は福井藩を全面的に支援することとなり、老中の命が大坂の東西両町奉行に伝えられた。大坂町奉行は直《ただ》ちに大坂三郷惣年寄に借り入れ先となる有徳商人の選定を依頼した。かくして鴻《こう》池《いけ》善右衛門・三井《みつい》八郎右衛門を始めとする二〇人の商人が選定された。

福井藩は前面に出ることなく、借金強要の交渉は大坂町奉行によって行われた。調達額は三万両、利率八朱（八パーセント）の十カ年賦で折衝が進められた。町人たちは福井藩に融資することに極めて消極的で交渉は難航し、同年十二月の時

「福井城郭各御門其他見取図」
九十九橋を渡り江戸へ向かう大名行列
（福井市立郷土歴史博物館保管／越葵文庫蔵）

点で依頼が命令に切り換えられている。

鴻池善右衛門の「明和七寅年越州一件之控」によると、鴻池を含む四人のグループに対して一万五〇〇〇両の要求があった。八月、鴻池は個人として八〇〇両以上は出せないと突っ撥ね、交渉は中断した。十二月に入り、町奉行から鴻池に対し二〇〇〇両で承諾するようにと命令があったが、翌八年四月に至り、鴻池は一五〇〇両で応諾した。その他の商人も推して知るべしであり、幕府の権威を以ってしても、当初の調達目標額三万両は到底実現に至ることはなかった。そうではあっても福井藩はこのことで、大坂において鴻池などの強力な手蔓を確保することには成功したのであった。

幕府の福井藩松平家に対する肩入れはその後も続いた。安永二年（一七七三）十二月、福井松平家の財政逼迫を憂慮した一橋家は幕府に願い出て、一橋家の拝借を名目として、公金三万両を二十カ年賦で借用している。次いで、同九年より三カ年、幕府より毎年一万両、計三万両を拝領した。福井藩ではこの一部を「御趣意銀」と称して特別会計に仕立て、家臣や領民に貸し付けて利殖を図っている。

重富は、寛政十一年（一七九九）に致仕するまでの約四十年間藩主の座にあり、一橋徳川家の協力と幕府の厚遇を受けてきたが、それでも藩財政の安定は得られなかった。寛政五年四月、家臣に対して「半減御借米《おかりまい》七カ年」を申し渡している。困窮した藩財政の皺《しわ》寄せは家臣にとどまらず、藩に融資している領内および三

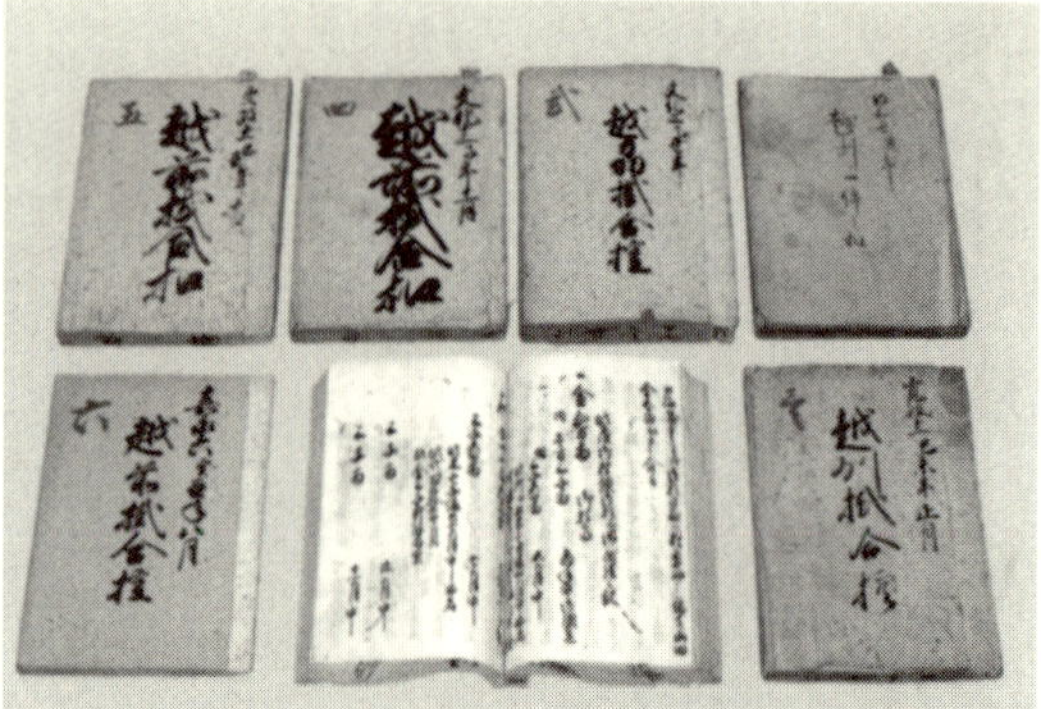

上段右端が「明和七寅年越州一件之控」。福井藩財政を知る史料として重要な「越州掛合控」も掲載した。（大阪大学経済学部経済史経営史資料室蔵）

都の商人たちにも波及していった。同年十一月「御借財新古共ニ元利・年賦金等ニ至ル迄御渡方七ヶ年御断延」（「家譜」）と、一方的に返済の繰り延べを通告しているのである。

治好の奢侈が拍車を……

重富の嫡子治好は、明和五年（一七六八）三月に江戸の上屋敷で生まれた。誕生のその日、国許では御用金の賦課に端を発した大一揆が最高潮に達していたことを記憶にとどめておきたい。

治好の母は正室致姫で、紀州家徳川宗将の三女である。天明三年（一七八三）九月に元服し、将軍家治から一字を拝領して治好と名乗り、寛政十一年（一七九九）に父重富の隠居によって十四代藩主に就任した。当時三十一歳である。

治好は、多趣味な殿様であって、能と俳諧では当時の大名中で傑出していた。日頃芸事に精進していた治好にとって、京は憧れの地であった。参勤交代以外の旅を禁じられていた当時の大名にとって、京都遊覧は望み得ぬことであった。

文政五年（一八二二）八月、一橋家を介して幕府の了解を得た治好は有馬（神戸市北区）入湯を名目として福井を発駕し、途中密かに京の遊覧を果たしている。

奢侈を好む治好の代に財政窮乏はますます深刻化した。治好の正室定姫は、田

今橋２丁目（大阪市中央区）にあった鴻池両替店の図
（鴻池合資会社資料室蔵）

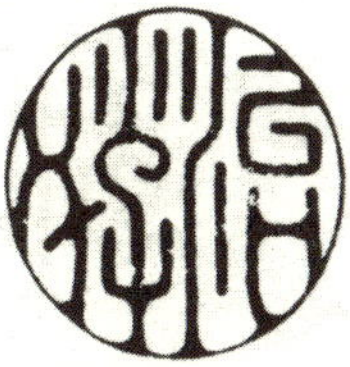

松平治好印章

安家徳川宗武の末娘であり、寛政の改革を主導した白河楽翁《しらかわらくおう》として知られる松平定信の妹でもあった。定姫にとって夫治好は、実兄定信と対照的な人物であったといえる。藩財政の改革が喫緊の大きな課題であったにもかかわらず、それとは著しく乖離《かいり》した施政だったのである。

定姫筆「鴛鴦」の図
（福井市立郷土歴史博物館保管／越葵文庫蔵）

②

藩政中期の領内経営

火の車となっていた藩財政を立て直すため、
殖産興業政策をとり専売制を強化し、藩士からの借米も継続していた。
将軍家との縁組みで二万石加増されても、累積債務は膨らむばかりで……。

殖産興業政策

福井藩では十八世紀初頭に専売仕法に着手している。「貞享の半知」以後、一段と厳しい財政窮乏に喘ぐことになり、新しい財源の確保のため専売制に活路を見出そうとしたのである。また、年貢の増徴に行き詰まったことからも、殖産興業策を実施することで、米以外の特定商品の生産を奨励し、その利益の独占を意図したものであった。

その最も早い事例が、元禄十二年（一六九九）に着手された、和紙の専売制である。今立郡内の大滝・岩本・新在家・定友・不老の五カ村、通称「越前五箇《ごか》」（現越前市）は、全国的にも著名な紙の産地であった。五箇の御紙屋の筆頭三田村家★は、幕府御用達奉書屋としても知られている。

▼三田村家
大滝村にあって中世末以来紙漉きを業とし、五箇の紙の生産と販売に支配的な役割りを果たしていた。福井藩の藩札発行や維新期の太政官札の抄造にも大きな役割りを果たしている。貴重な関係史料が同家に現存している。

同年閏九月、藩の勘定所は岩本村に岩本紙会所を設置、一三カ条の定め書きによって、制度の運用について詳細に明示した。それによると判元は京都の三木権太夫・吉野屋作右衛門・山田道与が請け負い、漉《す》き屋には生業《せいぎょう》資金を前貸ししてできた製品をすべて買い取り、藩に対しては運上銀を上納するとした。

幕府の御用紙《ごようがみ》は従来通り三田村家単独で納入し、福井藩に納入する紙は御紙屋四家の三田村・高橋・清水・加藤が受注して、製品は判元が藩に納めた。その他では会所業務の調整のために、藩の勘定所から役人（小算）が出向して、藩主導による運用が図られていた。

その後、判元は同十六年に地元岩本村の仲買い商である吉左衛門・小左衛門・善左衛門・吉右衛門の四人に交代し、さらに享保八年（一七二三）からは三田村家が判元を独占した。当然会所は三田村家の居村である大滝に移り、大滝紙会所となっている。

福井藩が各種専売制に積極的に乗り出すのは、重富代の末期に当たる寛政期からであった。その先頭を切って着手されたのが菜種の専売であり、寛政二年（一七九〇）九月に菜種専売の仕法が家老から関係奉行に申し渡された。それによると、領内で生産された菜種はすべて、金津奉行所と上・中・下三領の郡方役所を通じて三国湊の藩の蔵に集荷されて大坂に搬送し、藩内において相対《あいたい》売買することは一切認められなかった。

生産・集荷《しゅうか》・輸送に当たっては、大庄屋が重要な役割を果たしていた。同三年一月に藩は菜種の取り扱い方法を定めているが、納入の仕方や量目の査定、運送方法などを具体的に大庄屋に指示している。仕法は周到な配慮で進められたが、同五年には生産者である農民の困窮によって、中止を余儀なくされている。

菜種専売より少し遅れて実施されたものに、繭《まゆ》・糸の専売がある。領内各地に繭問屋・糸問屋が設置されたのは寛政十一年五月のことであり、翌六月には福井城下に〝糸改会所《いとあらためかいしょ》〟が設置されている。この繭・糸専売も十数年後には行き詰まりをみせている。文化十一年（一八一四）には繭・糸の冥加銀が次第に減少することに危機感をもち、藩はその活性化に苦慮している。

文政五年（一八二二）、藩の産物会所は藍玉《あいだま》専売に着手した。従来領内の商人は阿波《あわ》から藍玉を移入するに当たって、藩に運上銀を上納するだけで紺屋《こんや》と自由に取り引きすることが可能であった。ところが、藍玉専売が実施されたことで商人が排除され、藩は紺屋に対して独占的に一手販売することになった。藩は、阿波の問屋から直買《じきがい》することで藍玉が廉価《れんか》となり、染物の値段を引き下げることができる、と専売制の利点を強調している。

これまで商人対紺屋の取り引きでは不良品があれば値引きされ、支払い方法も一年後の決済とされていた。それが専売制になったことで、藩は紺屋に対して一切値引きを認めず、決済も七月・十二月の年二回となり、紺屋は一方的に不利な

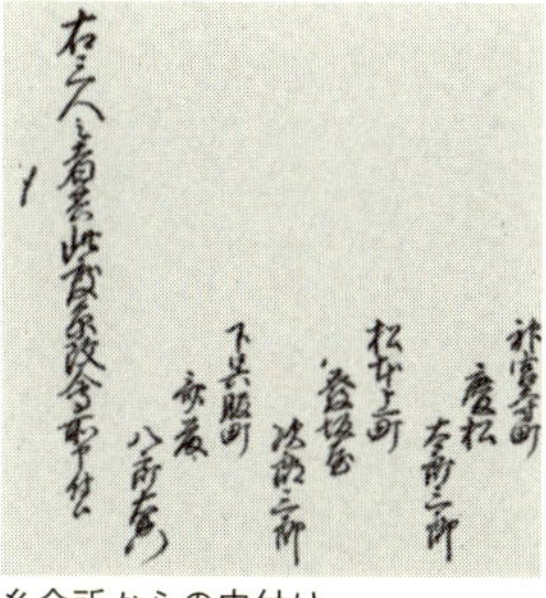
糸会所からの申付け
（福井市立郷土歴史博物館保管／越葵文庫蔵）

条件を強制されることになったのであった。

恒常化する「借米」

藩士の生活を圧迫したものに、元禄七年（一六九四）から恒常化して藩が実施している「借米」がある。『福井藩史事典』に収録されている「元禄七甲戌年より嘉永元戊申年迄御借米歩通り書の覚」によると、借米が免除された年は嘉永元年（一八四八）までの百五十四年間において享保七（一七二二）・八両年と明和元年（一七六四）の三年に過ぎなかった。藩財政の不足を補塡するために、家臣の給禄の一部を借り上げることが常道となっていたことがわかる。

当初の元禄七年における借米は参勤の費用を藩の経費で賄《まかな》えずに、京の商人である両替屋善五郎に調達を依頼したことにあった。その返済も、藩の経常費をあてることなく借米一、二年分を充当することとした。その比率は上士で借米率一〇パーセント、中士で七パーセント、下士で五パーセントといったように、持ち高に応じて軽減されていた。

借米で最も厳しいのは「半減」とか「半知」といわれ、給禄の半分を上納した。半減は、宝暦十一年（一七六一）を最初として、重富の代で四回、治好の代で二回、斉承《なりつぐ》・斉善《なりさわ》の代で各一回、慶永の代でも二回あり、都合一〇回で、延べ三十二年に及んでいる。最も深刻なものとしては、寛政五年（一七九三）より七年間借米が連続したこともあった。

借米は、当然のことながら厳しい倹約令を伴っていた。日常の生活の具体例として衣服を取り上げると、綿服と紙子《かみこ》★以外の使用が厳禁された。当時の町在に対する倹約令の中で、粗服《そふく》を着用の藩士に対して無礼の振る舞いがないように、と注意しているほど徹底していたようであった。

また、武士の本分である武備の弛緩《しかん》も著しかった。例えば上士に課せられていた持ち馬の常備も免除されることがあり、馬術調練も中絶した。仲間で持ち馬を活用したり、藩が貸し馬を用意することなどもあったようである。

借米による家臣の困窮を救済すべく家中専用の金融制度が求められた。それに対応したものが〝家中三銭懸《がけ》趣法〟であり、天明八年（一七八八）八月に発足している。藩士の出銀高は、知行取の場合で高百石につき年に一貫六二匁（銀換算一一匁六厘）、一カ年を三五四日の計算で、〝日掛三文〟が積算の基礎となっていた。切米取・扶持米取の出銀高も知行取に準じていた。高掛け出銀の期間は寛政四年までの四カ年間であり、毎年暮れに出銀額を上納することになっていたようである。

▼紙子
紙衣とも書く。紙製の着物。

知行担保の武士の借銀

「借米」の恒常化、とりわけ「半減」が頻出《ひんしゅつ》する十八世紀後半に入って、家臣の困窮は加速した。手元不如意の補塡のために、藩の貸し銀に依存することはよしとして、知行を担保に米商人や農民から借銀する者まで出てきたのである。そこで知行、つまり物成り米★の先借りの事例として、上士と中士の事情をうかがってみることにしたい。

足羽郡東郷（現福井市安原町）の米屋仁右衛門は、寛政四年（一七九二）三月、藩内禄高第四位（知行三千五百石）の重臣芦田家から二人扶持の給禄を与えられた。「扶持方下付覚」に「兼而勝手向用事相頼」との文言がみえることから、以前より同家財政の支援にかかわっていたことがうかがえる。また、文中の但し書により「二人扶持」は一カ年に米八俵の支給ということであり、物成り米先借り分を「二人扶持」で補塡していたとも解される。

芦田家は、同年十一月に米屋仁右衛門宛五カ年賦の借銀証文で、銀二貫匁を借りている。引き当て米として担保されたのは、同家の知行所である足羽郡栃泉《とちいずみ》村の物成り米一五〇俵であった。弁済《べんさい》が遅滞の折には、相当分の物成り米を仁右衛門に引き渡すことを、栃泉村の村役人が添え書きで保証しており、芦田家当主

▼物成り米
「物成り」は田畑からの収穫。物成り米は田租のこと。

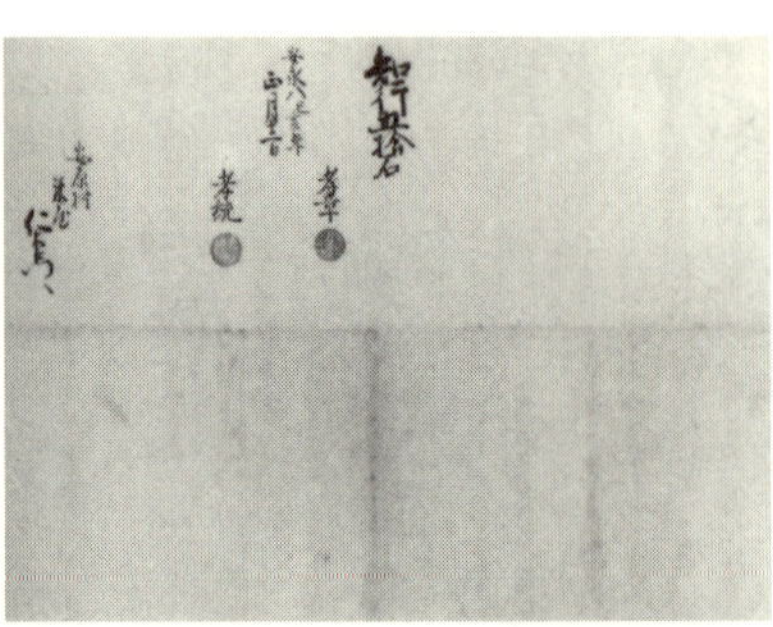

「知行五十石下付覚」

家老狛孝章と家老見習いである嫡子の狛孝統連名にて米屋仁右衛門宛に狛家の知行所より50石分の物成り米を収納することを認めた証文

の芦田図書《ずしょ》も裏書きをしている。ちなみに栃泉村は仁右衛門の居村である安原村の近村であった。芦田図書の知行所物成り米を担保とした借銀は氷山の一角に過ぎず、上級藩士の同種証文や記録類を多数みることができる。

嘉永二年（一八四九）六月、知行百五十石の書院番士堀江九郎右衛門は、「銀子払底《ふってい》」を理由に、坂井郡剣大谷村《つるぎおおたに》（現福井市剣大谷町）の吉兵衛から銀三貫三〇匁と米一俵半を借用した。堀江家は同郡江上・地蔵堂両村に各七十五石の知行地を有する代官付き給人であった。代官付き給人というのは、代官が管理する蔵入地に知行地を指定されている知行取のことである。

その江上村の物成り米が担保とされ、銀三貫相当分が返済に充当され、江上村農民一〇人が、堀江の指示に従って知行七十五石の物成り米を吉兵衛に納入することを証文で請け合っている。同年十二月、江上・地蔵堂両村を管理する代官川崎仁右衛門が発給した物成り米収納を指示する覚え書きによると、堀江家が両村から受け取る米納分の全額は四十四石四斗で、その半分二十二石二斗が江上村分である。九・十月に七石五斗、十一月中に十二石、十二月に二石七斗が分割納入された。ただし、当該物成り米は、借銀完済までは堀江家が受領することなく、江上村農民から吉兵衛方に納入されたのであった。

二万石の加増、領知高三十二万石

文化十四年（一八一七）九月、藩主松平治好は、江戸城において老中列座の席で、嫡子斉承に将軍家斉の一〇女浅姫《あさひめ》との縁組を申し渡された。翌文政元年（一八一八）五月には、将軍家斉から特段の配慮により二万石を加増すると告げられた。言うまでもなく浅姫入輿《にゅうよ》が決まったことによるもので、加増分は彼女の化粧領ともいえる。将軍の娘を迎えることで何かと出費が嵩《かさ》むことは避け難いが、藩財政の窮状を考えれば、多少の加増であっても貴重な財源であった。

文政元年七月、幕府勘定所より加増二万石の郷村帳が渡された。すべて坂井郡内の四一村であり、それは福井藩が預所として管理していた村々でもあった。

半知後の福井藩は、かねてよりその統治上の利便性を考慮し、藩の外港でもある三国湊の所在する坂井郡の一円的支配を渇望していた。幕府預所が比較的坂井郡に集中していたことはその期待に添うものであったが、この度の加増で郡内における同藩の領知高は八万五千石となり、坂井郡を実効的に支配することが可能になったのである。

文政九年一月、治好の死去により世子斉承が襲封した。斉承と浅姫との間には待望の男子が出生したが、天保六年（一八三五）、惜しくも七歳で夭折《ようせつ》した。しか

斉承花押

も同年閏七月には斉承も藩主在任十年足らずで急逝している。享年は二十五歳。

幕府は、斉承の後継者として、将軍家斉の二四男斉善をその養子とした。斉善は、義母に当たる斉承の正室浅姫（松栄院）の異母弟であった。

半世紀にわたり将軍として君臨した家斉は、多くの子女を通じて婚姻関係を結んだ大名を優遇し、そのことが幕府財政破綻の要因ともなっていた。福井松平家もその恩恵に浴した大名であり、斉善は、天保八年八月、領内の不作を理由に一万両、同年十月には江戸上屋敷の焼失で二万両、翌九年七月にも松栄院住居の普請に一万五〇〇〇両と、相次いで公金貸与の恩恵を受けている。このことは、福井藩が公儀借金に依存せざるを得ないほどに、融資を受ける方策に窮していたことをも示している。

天保七年、斉善は幕府宛の嘆願書の中で「古借・新借惣高九拾万両余之借財」（「家譜」）と危機的な藩財政の状況を訴え、幕府の支援を懇請していた。当時の藩財政の事情を詳細に調査したものが「天保五午未申三ヶ年平均御地盤《ごじばん》御本立帳《ごほんたてちょう》」（松平文庫）であり、それを要約すると藩の歳入は家臣からの借米を加算しても三カ年平均で三万七〇〇〇両余に過ぎず、膨大な累積債務を考慮すると、深刻な状況に低迷していたことがわかる。

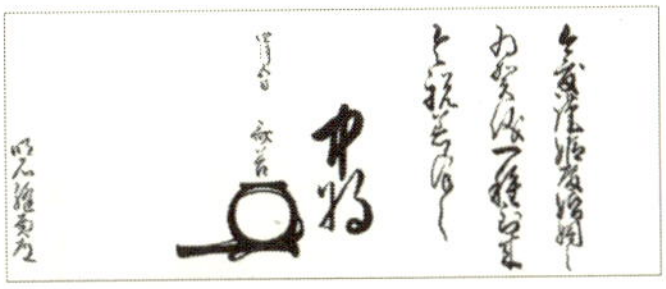
松平斉善書状
（福井市立郷土歴史博物館蔵）

浅姫（松栄院）「遊慰」の場所として天保9年、幕府より福井藩が拝領した〝中ノ郷中屋敷〟
（紫花江氏蔵）

大名貸しと累積債務

「貞享の半知」以後、福井藩が財政難に直面し、最初に接触を計ったのは京都の商人であった。元禄七年（一六九四）、両替商善五郎に江戸仕送りの件で協力を取りつけている。ところが、享保期に入ると、京都の御用達商人に対する藩の姿勢に変化がみえてくる。享保四年（一七一九）八月、浪花商人肥前屋が福井城下の泉水邸（御泉水屋敷）で供応を受けたり、寛保二年（一七四二）九月には、大坂の町人津軽屋彦右衛門が城中で接待を受けるなど、大坂町人との接触を図る史料が散見するようになる。宝暦期（一七五一〜六四）には大坂町人大和屋勘兵衛が藩の廻米の請け元に起用され、宝暦八年には浪花商人牧村清右衛門が、両替停止の危機に追い込まれた藩の札所に対して、札元準備金として一万五〇〇〇両を融資して再開に導くなど、大坂の町人が福井藩の財政に深くかかわることになったのである。同九年に大坂に福井藩の蔵屋敷が設置され、明和七年（一七七〇）には、京都に常駐していた京都留守居役が廃止され、京都から大坂への方向転換が図られたことがわかる。

福井藩は、大名貸しに依存することはあったものの、資金調達で最重要視していたのは領内から調達する御用金であった。ところが、寛延元年（一七四八）に領民の頑強な抵抗があり、明和五年には未曾有の百姓一揆に遭遇して、藩当局は領内における御用金賦課の限界を肝に銘じた。また、明和四年八月には三国湊の藩御用達小針屋が打ち毀しに遭い、翌五年三月には福井城下の米商人美濃屋も打ち毀されるなど、領内の大名貸しは萎縮していた。

その後、前述したように安永期（一七七二～八一）以降、幕府の強力な梃《てこ》入れと福井藩の必死の尽力が効を奏して、大坂商人との関係が深まっていった。加嶋屋久右衛門が蔵元★となり、炭屋善五郎が掛屋★としてかかわり、〝十人両替〟の一人鴻池善右衛門との接触を深めることにも成功している。

鴻池・加嶋屋・炭屋は、福井藩の財政事情を深く危惧しており、その危険を分担するために三者で貸付組合を結成して対応していた。また、金主側として取り引き継続の必須の要件として、一定量の為登米《のぼせまい》★の維持を福井藩に強く求めた。文政十年（一八二七）の事例でみると、調達金二万五〇〇〇両の引き当てとして、福井藩は為登米四万俵を貸付組合に渡していたのである。

福井藩では慶永（春嶽）代の弘化元年（一八四四）に藩債の整理として「御借財元寄帳」をまとめているが、累積債務額は九〇万五三九〇両余に達し、利息を加えると九五万八四五四両余の巨額に及んでいた。その中で大坂の商人たちが占める債権額は「大坂金主新古調達」とあり、一八万六三一両余であった。

▼蔵元
大坂蔵屋敷で商品の売買を代行した商人。

▼掛屋
大坂蔵屋敷の蔵物売却代銀を預かり、藩の金融にかかわる。

▼為登米
北国や西国より大坂に運送した米のこと。

北前船主とのかかわり

北前船主と福井藩のかかわりについてうかがってみることにしたい。

前述の「御借財元寄帳」の中で、個人として最大の債権を保有する金主は木谷藤右衛門であり、「加州粟ヶ崎金主新古調達十万六千六百十一両余」とある。「加州粟ヶ崎」は加賀国石川郡粟ヶ崎《あわがさき》村（現金沢市）であり、木谷家（屋号木屋）は加賀最大の豪商で廻船問屋であった。

海商木屋と福井藩の関係は明和四年（一七六七）にさかのぼる。同年、福井城下の米商美濃屋喜左衛門の仲介で、福井藩に七〇〇〇両の調達を行ったのが最初であった。その後福井藩の財政に深くかかわり、安永九年（一七八〇）には功労によって知行三百石を与えられている。

この頃金策に奔走していた福井藩にとり、加賀の木屋と大坂商人は最も頼るべき金蔓《かねづる》であった。ところが、天明六年（一七八六）に加賀藩内で生じた紛争に、木谷家当主も巻き込まれて投獄されるという悲運に遭遇している。その後、寛政三年（一七九一）に木屋はようやく家業の再建を果たしており、福井藩御用達として再び大きく貢献した。参勤交代の路用金調達や藩米の廻送とその売買に尽力し、前述のように福井藩とのかかわりにおいて最大の金主となったのである。

北前船主といえば福井藩の外港である坂井郡三国湊（現坂井市三国）の海商を取り上げねばならない。三国湊の船主で福井藩に最も貢献したのは内田惣右衛門（曾平）であった。文化元年（一八〇四）、藩から苗字を免許されて、代々の屋号〝室屋〟を〝内田〟と改めている。同年藩の勝手向趣法掛に同家も任命され、藩財政の運用にも深くかかわることになった。

この年藩は趣法掛一同に九万両の調達を命じ、内田は五〇〇〇両を用立てている。次いで同七年には趣法掛一六人に、再び九万両を命じ、内田が四分の一に当たる二万二〇〇〇両を負担している。一六人のうち、七人が三国湊の海商であり、彼らで半額を調達したのであった。当時、窮乏する藩財政に対して、三国湊の船主たちの貢献が大きかったことをうかがわせるものである。

内田は手記の中で、福井藩とのかかわりをもった享和三年（一八〇三）から文政九年（一八二六）までに、一二万両の調達に応じていると言及している。膨大な調達金を強要されたが、そのかなりの部分が焦げついて弁済されなかったようである。そこで内田は、大名貸しの中では異例の高禄である五百石の知行を与えられていた。

内田と同時期に活躍した三国湊の船主に三国与兵衛がいた。与兵衛は、当初三国湊の有力な廻船問屋宮越屋五郎兵衛の手代であった。加賀藩への調達に手腕を発揮して主家から暖簾《のれん》を分けられ、文化十四年には福井藩から三国の苗字を許さ

五代内田惣右衛門（曾平）肖像
（内田璞氏蔵）

明治期の三国湊（港）。多くの和船が係留されている
（三国町役場資料館準備室蔵）

れている。翌十五年、勝手向趣法掛に加えられ、知行三百石を拝領した。三国与兵衛は、天保九年（一八三八）に加賀藩に七万七〇〇〇両の調達金を納め、翌十年には九万五〇〇〇両の同藩の要請に応じるなど、福井藩にとどまらず北陸一円で活躍していたのであった。

これも福井

藩校〝正義堂〟顛末

文政二年（一八一九）九月、城下の東辺桜馬場に藩校〝正義堂〟が開設された。福井藩における学問所の創始である。

藩校の建設費は、文化八年（一八一一）に福井城下の米問屋内藤喜右衛門（屋号布屋）が、学問所建設に用いてほしいと献金した一〇〇〇両のうちから三〇〇両を充当した（七〇〇両は藩庁で保管）。

藩儒前田雲洞・高野春華（惣左衛門）・清田《せいだ》但叟《たんそう》（丹蔵）が講師となり、前田が総管を兼ねていた。ほかに文事に明るい藩士数名が句読師《くとうし》として講師を助け、有志の入学が許され、月六回経書の講読が行われた。

ところが、文政十二年、総管前田雲洞が高齢のため隠退すると、学問所は休眠状態に陥ってしまった。天保二年（一八三一）三月、学問に熱心な藩士二〇名が句読師となり学問所の再開を果たしたが、運営が軌道にのることはなかった。

翌三年六月、藩主斉承が同所を視察し、関係者が協議をすすめて天保四年五月以降、儒者の清田但叟と高野春華が再び学塾の運営に当たることになった。とりわけ清田は京都在住の儒官であったが、福井滞在中は正義堂に常時詰めきり、指導に努めた。清田はすぐれた崎門《きもん》学者であり、当時正義堂の小吏であった吉田東篁は強い感化を受けている。（一六〇頁参照）

清田の熱心な教導があったにもかかわらず、学舎の立地条件の悪さなどもあり、天保五年十二月、閉鎖に追い込まれたのであった。後年福井藩主になった松平春嶽は著書『真雪草子』の中で「福井は学問の流行せざる所」と述べているが、その就任直前に閉校になっている正義堂のことが念頭にあったからであろう。

これも福井

医学所〝済世館〟の創始

（『福井市史』より）

文化二年（一八〇五）二月、匙医浅野道有が中心となって、藩医の有志が研修施設を創設したいと藩に建議し、翌三月許可された。当初は浅野道有の居宅を学舎にあてるとして城下鍛冶町に開校した。校名は藩主治好によって済世館と命名されている。

医師の子弟の教育施設ということで町医の参加も認められ、施設運営の経費についても、藩医と町医の出銀と藩からの補助で維持された。

同年六月に開校し、毎月二・六・八日に講義が行われた。講義は藩医の浅野道有・勝澤一順・妻木栄輔（陸叟）が分担し、勝澤は詩歌にも長じ、妻木は本草学の大家でもあった。

同六年、学舎が手狭なため、旧〝土居の内〟に敷地が下賜されて移転することになり、六月に新館の開館式を挙げている。講堂二〇畳に講師部屋などもあり、薬園も付属していた。

文政二年（一八一九）、学監であった妻木が同館にて薬品会を開催、第二回目を天保三年（一八三二）、第三回を同十三年に行って、藩における医薬品の普及に貢献している。

また、文政十一年・天保十年には小山谷火葬場仏前において、藩の刑死者の「腑分観臓」が行われているが、妻木は学監として参与している。

幕末期に至ると、西洋医学の摂取が喫緊の課題となってくるが、福井藩では済世館において藩医・町医の区別なく常に新しい医療の研鑽に対応してきた経緯があり、事態に即応することができたのであった。

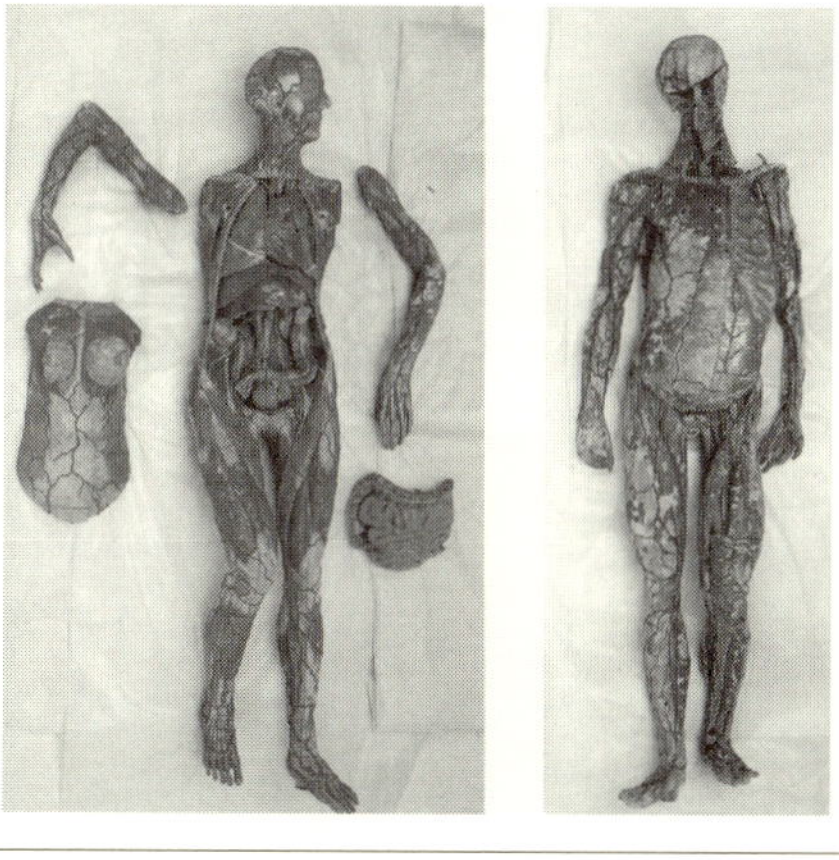
キュンストレーキ（紙製人体解剖模型）
右：男性、左：女性
（福井市立郷土歴史博物館蔵）
（一六七頁参照）

③

城下町の暮らし

城下における町方の住居は、業種によって集住していた。
そうした商家の中には、〝結城引っ越し〟といわれる旧家もあった。
民衆たちは、年中行事や相撲の興行などで心を解放していたようである。

町方の仕組み

江戸時代は、よく知られているように士農工商の厳格な身分制社会であった。農民の定住地域を在方と称し、工・商の住居地を町方と呼んでいた。福井城下の町方の戸口は時代により多少の相違はあったが、寛延三年（一七五〇）では五三八二戸・二万四一五二人であった（「家譜」）。

町方には、在方のように土地に対する厳しい課税である年貢取り立てではなかったが、城・堀の修理や保全を含む町方維持の経費として、町役が課されていた。正徳三年（一七一三）の事例でみると、町役銀の納入者は土地・家屋の所有者に限られ、役家《やくや》と称して約二八〇〇戸であり、町人といわれる人々である。町役を負担しない借家人・借地人には〝町人〟の資格がなかったのである。また、町方

福井藩十二ヶ月年中行事絵巻「五月　菖蒲打の図」
（福井市立郷土歴史博物館蔵）

に居住し、特殊な職業に就いている人々には伝馬役《てんまやく》★・石屋役・水役（大工・鍛冶などの職人に対する税）が課せられた。伝馬役は七五戸、石屋役四七戸、水役一〇七戸であった。

福井城下には一六七の町があったが、町政を行うために一一の町組に分かれていた。福井城下を貫流する足羽川に架せられていた城下唯一の橋「九十九橋」を起点として、「橋南《きょうなん》」・「橋北《きょうほく》」の二大ブロックに分かれていたが、橋南には北陸街道に沿って木田町組・神宮寺町組・石場町組があり、橋北には北陸街道沿いに、本町組・京町組・上呉服町組・一乗町組・下呉服町組・室町組・松本町組があって、奥越大野に通ずる街道（美濃街道）の起点には城橋町組があった。また、町家は、城のある橋北に七割が集中していた。

町方の政治は、町人の中から選任された町役人によって行われた。末端の町々には町庄屋、町組には輪番《りんばん》庄屋（組頭）がおり、輪番庄屋は町年寄の支配を受けた。町年寄は、町奉行所内の町役所に日々出勤して町奉行の指揮を受け、町政を取り締まっていたのである。町役人は財産を有する名望家から選ばれたが、とりわけ町年寄には、由緒のある有力町人を任命していた。

主だった町役人は町役を免除されたり、苗字帯刀を許されたり、種々の特権を与えられていた。その他では御用商人や御用職人も特権を有していたが、藩ではこれらの上層町人に特権を許すことによって、町方の財力を吸収することに努め

町組の位置図

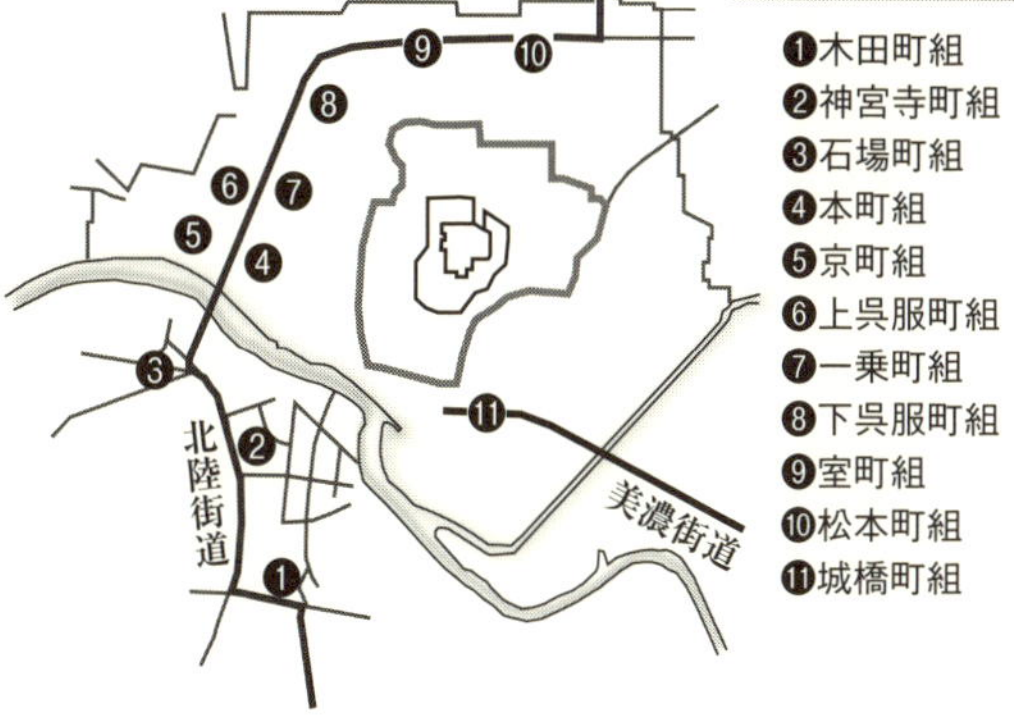

▼伝馬役
公用通行の貨客に対する人馬の提供とそれに伴う労役負担。

たのであった。

町方の職業と商家の盛衰

町方では紺屋町・米《こめ》町・魚町といった町名が示すように、同業・同職の者が同じ町内に集住していた。いうまでもなく、御用商人・御用職人を中心に藩の要務を果たすのに都合がよかったからである。紺屋町（現順化二丁目）を事例に挙げると、紺屋の総元締めである奈良家が中心であった。

奈良家は〝結城引っ越し★〟の旧家であるが、結城時代の天正二十年（一五九二）に秀康から七十石の知行を与えられていた。越前移住後も同様に七十石を与えられ、重臣本多富正・今村盛次の連名で「当国中紺屋相改可申事」と命ぜられており、町方はもとより領内すべての紺屋を支配し、藩の用務を果たしていたのである。

それでは福井城下に業種別にみてどれほどの商人や職人がいたかというと、宝暦十三年（一七六三）の調査（「町中医師并諸職商人付」）によると、六八の職種があり、その従事者として一六六七人が書き上げられている。主なところは次の通りである。

まず商人であるが、魚屋一七一軒を筆頭に酒屋一五三軒・質屋七三軒・蠟燭屋

▼結城引っ越し
慶長五年（一六〇〇）、結城秀康が越前一国を拝領したことで、結城家臣にとどまらず結城家と関係の深い寺院や町方の旧家が北庄に移住した。これを〝結城引っ越し〟という。

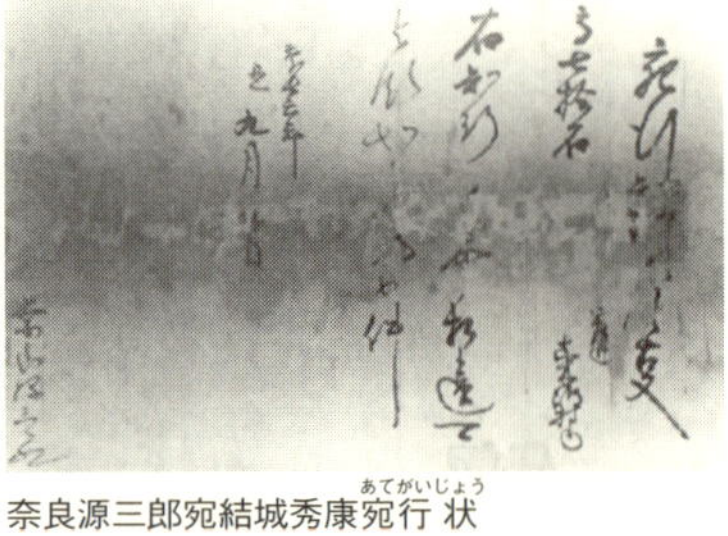

奈良源三郎宛結城秀康宛行状《あてがいじょう》
（奈良定一氏蔵）

五九軒・菓子屋四一軒・八百屋三六軒と続いている。

職人では、大工一三三軒・鍛冶屋八〇軒・桶屋七四軒・石屋五四軒・紺屋四三軒・仕立屋三七軒・畳屋二〇軒が主なところである。

その他では町医者三五人が目立つが、この中には三崎・大月両家のように、近世以前から現在に至るまで連綿と医業を継承している旧家もみられる。

「商家三代は続かず」といわれるように、町家の栄枯盛衰は著しかった。正札《しょうふだ》付きの廉価販売で一躍富商になった呉服店安波賀屋《あばか》（下呉服町）や、無名の一車力から土建業で成功を収めた長谷川某（木田町）のように一代で財産を築いた者も多いが、いつしか泡沫《ほうまつ》のように消え去っていった。

それでも、江戸初期から繁栄を続けている門閥の商家や、数代にわたって地域の信頼を得ている旧家もかなり存在した。橋南の金屋家（石場町）と橋北の山口家（米町）を事例に富商の一端をうかがってみたい。

金屋家は、室町初期から朝倉家臣として北庄氏を名乗り、福井に定住していた名家である。戦国大名朝倉氏の滅亡後、刀を捨て商人に転向し、柴田勝家をはじめ北庄の諸領主の庇護を受けて大商人に成長した。同家は越前における鉄鋼の売買を独占するかたわら金融業を手広く営み、京をはじめ越前各地に支店を設けて、江戸前期の寛文年間（一六六一～一六七三）に最盛期を迎えている。

福井藩が寛文期に実施した藩札発行も、札元であった金屋家の信用力に負うと

金屋吉広（十代七兵衛）肖像
（福井市立郷土歴史博物館寄託／金屋吉宏氏蔵）

ころが大きかった。金屋家の豪富は、狩野探幽を招き座敷の襖絵を描かせたというエピソードからもうかがえる。また、岩佐又兵衛の描いた有名な「金屋屏風」も、その名が示すように元来同家旧蔵の絵画であった（コラム「福井藩人物列伝（1）・岩佐又兵衛」参照）。金屋家が家業不振に陥ったのは宝暦年間（一七五一～一七六四）のことであった。

金屋家に代表される近世草創期の商人と交代した新興商人の一人に、米問屋の山口家がある。山口家は、享和二年（一八〇二）に福井藩の御用達となり、子孫は代々藩から札所元締役を命じられている。文政期（一八一八～一八三〇）に山口家の資産は三万両といわれ、福井城下最大の富商であった。同時代、天保五年（一八三四）の藩の歳入は約三万七〇〇〇両であり、しかも当時福井藩は累積債務九〇万両を抱えて低迷していたのである。藩財政は、山口家をはじめ藩内外の富商の財力に依存しなければ一日として保てなかったのが実情であった。

岩佐又兵衛筆「梓弓図」（旧金谷屏風）（文化庁保管）

城下の年中行事

江戸期の民衆は季節の移り変わりに巧みに順応して生活を営み、四季ごとにけじめをつけるために、種々の年中行事が催された。

福井城下についていえば、小正月の左義長《さぎちょう》、春と共に開幕する芝居興行、陰

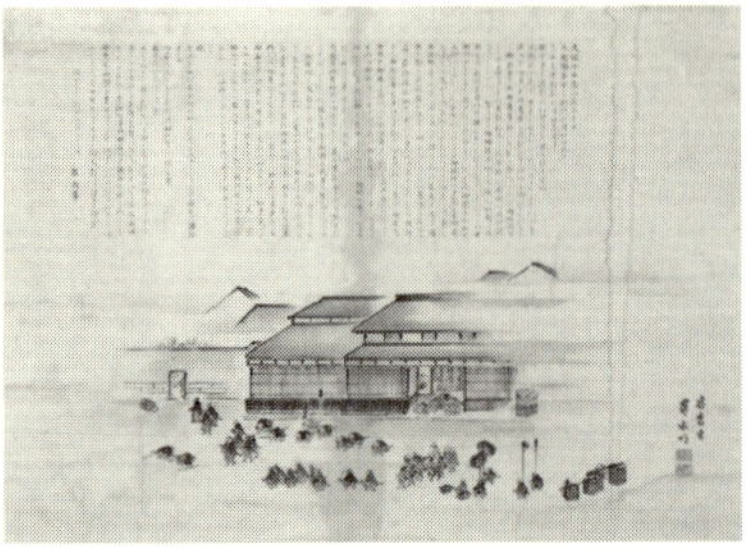
「山口家御成図」（福井市立郷土歴史博物館蔵）

暦六月の祇園会《ぎおんえ》、盛夏の盆踊りなど、年中行事はともすれば単調に流れがちの市民の暮らしにリズムをつけて、人々の心を引き立てていた。その年中行事の中から「左義長馬威《おど》し」と夏祭りとして賑わった「祇園会」を取り上げておこう。

正月十五日の火祭りの神事「左義長」はどこにでもみられる正月行事であるが、これに馬威しの行事が結びついたものは福井城下独特のもので、当時奇祭として広く知られていた。馬威しは元来藩士の馬術調練のためのものであったが、これに町人も参加して官民一体の祭典として発展をみたものであった。

小正月が近づくと城下の町々には左義長が飾られ、その付近に太鼓小屋も建って、昼夜となく笛太鼓が鳴り響き、祭りの気分を盛り上げた。

左義長というのは松の木の根方を藁で囲み、その頂点に扇子数十本で円形をかたどり、枝々には金・銀・五色の短冊や子供の書き初《ぞ》めなどを結びつけ、町ごとの路上に立てたものである。この左義長は十五日の明け方に町民の囃したてる中で、一年の無病息災を祈願して焼かれたのである。

馬威しは、その前日の十四日に本威しが行われた。馬術巧者の武士一〇〇騎余りが一〇騎前後で一団をつくり、桜御門（大手門）から城外に乗り出し、随所に左義長の立つ本町・京町・呉服町等の中心街を疾駆《しっく》して、柳御門（搦手門《からめてもん》）を経て城内の西ノ馬場に帰り着くのである。その間、数カ所では突進する馬上の武士と、その進路を阻む町人によって勇壮な攻防戦が展開された。コースにあたる

福井藩十二ヶ月年中行事絵巻
「正月十四日　桜門前馬威しの図」
（福井市立郷土歴史博物館蔵）

街路沿いの家々は一階を杉丸太で囲って馬除《よ》けとし、女・子供たちは飾りつけた二階から、この武士と町人の勝敗の帰趨《きすう》を観戦したのであった。

　江戸期の福井城下における最も賑わった夏祭りといえば旧暦六月十五日前後（新暦の七月十七日〜二十四日頃）に行われた祇園会（天王祭）であった。悪疫の流行は牛頭天王《ごずてんのう》の祟《たた》りとされ、平安期に御霊会《ごりょうえ》の営まれたのが祇園祭りの起源とされる。病気や天災の発生しやすいこの時期に、災厄をもたらす荒々しい霊魂を鎮めるために行われたのであった。

　福井城下には牛頭天王社が、橋北松本（簸川《ひかわ》神社）と橋南木田（木田神社）に二社あった。両社の祭礼を「惣祇園」と称し、城下をあげて武士・町人ともどもこれを祝った。福井における起源は、簸川《ひかわ》神社の縁起によると、藩祖結城秀康が越前入国の時（慶長六年〔一六〇一〕）、城の鬼門《きもん》にあたる同神社を鬼門除守護神として大祭を行わせたことによるという。

　その後、祭りは一時衰退したが、延宝三年（一六七五）、六代藩主昌親が家臣井原番右衛門に祇園大祭の再興を命じて、京都祇園社の故実にのっとり復興させたことから最盛期を迎えた。神輿《みこし》の渡御《とぎょ》、山鉾《やまほこ》の巡行は京の祇園祭りさながら、城下の町々を練り歩いたという。城下各町組から繰り出された山車《だし》（屋台）は、文政十年（一八二七）の例によると次の通りであった。

○本町組　松掛　○京町組　左義長馬威（し）　○一乗町組　山狩行列揃　○上

福井藩十二ヶ月年中行事絵巻「六月　祇園祭りの図」
（福井市立郷土歴史博物館蔵）

呉服町組　十二支子供遊び　○下呉服町組　士農工商　○室町組　豊年貢　○松本町組　番組　○城橋町組　駅路の鈴　○石場町組　蓬萊山鶴亀遊　○神宮寺町組　豊年相撲　○木田町組　神楽講

祇園会に賭けた福井町人の心意気と屋台が練り歩いた盛時が偲ばれるが、この大祭は福井藩と運命を共にし、廃《すた》れてしまった。

芝居や相撲の諸興行

四季折々、寺社の境内や常設の小屋で催された芝居や相撲などの興行も、祭礼と同様に武士の権力に屈した庶民の心を解放する絶好の機会であった。

芝居は、旧暦三月頃に始まり、九月頃に終わるのが常例であった。毎年定期的に常設の小屋で興行されたのは橋南の「立屋芝居《たちや》」である。藩祖秀康の頃、城下はずれのこの「立屋」（立矢）の地に定住した倉屋をはじめとする八軒の遊芸稼業の人々は藩の許可を得て劇場と遊廓を営んでいた。芝居小屋は、幕末の頃に立屋から足羽川右岸の河原である浜町辺に移動した。

常設の劇場に対して、寺社の境内で臨時に催される芝居もいくつかあった。城下北郊牧之島村の観音堂（長安寺）の興行が有名であり、毎年のように繰芝居《くりしばい》や曲馬《きょくば》などで人気を博していた。この観音堂は越前三十三カ所観音巡礼の二十三

「福井城下眺望図」（部分）
足羽河原の芝居小屋
（福井市立郷土歴史博物館蔵）

番札所であり、繁華の地でもあった。芝居興行のほかには富突き（富籤《とみくじ》）が行われることもあった。

芝居のほか、多くの観客を動員したものに相撲があった。相撲は、初秋の晴天十日、木町八幡の境内（照手町）などで開催されていた。

余談になるが、藩祖結城秀康も「勇力」ある者を召し抱えていた。嵐追手之助がそれである。『越藩史略』によると慶長九年（一六〇四）七月のこと、京の伏見に滞在中の徳川家康は徳川家の慶事の余興にと伏見在番中の諸大名の力自慢の勇士を集めて相撲の試合を行っている。最高位の大関に選ばれたのは福井藩の嵐追手之助と加賀藩の松村総次郎（順礼）であった。大方の予想通り両人の優劣決し難く、三番勝負で嵐追手之助が優勝したことを伝えている。

「相撲図」の絵馬（白山神社）
（『福井市史通史編２近世』より）

第五章 松平春嶽の政治改革

人材を巧みに用いて幕末・維新期に活躍した出色の福井藩主の動向。

1

春嶽襲封後の人材登用と方策

十七代福井藩主松平春嶽（慶永）は、十六歳の時に初めて福井の地に入った。首脳部には若手を起用し、藩学の刷新を図り、最大の難題――財政窮乏の克服にも取り組んでいった。

田安徳川家から福井藩主へ

松平春嶽《しゅんがく》は、文政十一年（一八二八）九月、江戸城内の田安邸において徳川斉匡の八男として生まれた。幼名は錦之丞《きんのじょう》、元服時に十二代将軍家慶の一字を拝領し慶永《よしなが》を名乗った。後年（安政五年〔一八五八〕以降）、自身が最も好んだ号の春嶽を通称としたので、本稿では呼称として春嶽を用いることにした。

田安徳川家は、将軍家の分家である御三卿（田安・一橋・清水）のうちの一家で、始祖宗武は八代将軍吉宗の二男であった。宗武は、文武・和漢の学に通じ、ことに国学・和歌を好み〝尚古思想〟が強かった。春嶽が学問好きで、国学や和歌に傾倒したのは宗武の影響ともいえよう。春嶽の父斉匡は一橋徳川家二代治済の二男で、十一代将軍家斉の実弟である。天明七年（一七八七）に田安家三代に迎えられている。

斉匡には二九人の子がいたが、一一人は早世している。成人した男子は五人で、春嶽の二人の兄斉位《なりくら》・慶寿は一橋家を相続し、二弟のうち慶頼《よしより》が田安家を継承して、末弟慶臧《よしつぐ》は尾張徳川家を継いでいる。春嶽が将軍家慶の命で福井藩主松平斉《なり》善《さわ》の養子になったのは、天保九年（一八三八）九月のことであった。春嶽と同年生まれの異母弟慶頼が、田安家五代当主になったのは翌十年三月のことである。

春嶽は、福井藩主松平斉善の死去によって図らずも福井藩主に迎えられた。十一歳である。実は、養父斉善は十一代将軍家斉の二四男であった。家斉の実弟であった春嶽の父斉匡にとって、斉善は甥に当たる。したがって春嶽にとって斉善は養父といっても、血縁的には従兄であった。斉善の実兄である当時の将軍家慶も従兄である。このように春嶽は血縁的に将軍家と深く結ばれていたのであった。

春嶽は、福井藩襲封の年に元服し、養父斉善の初官同様に正四位下少将の高い官位に叙任され、嘉永四年（一八五一）には二十四歳で中将に昇進している。ところで、田安家を相続した弟慶頼は同年に従三位権中納言となっており、後年春嶽が厳科に処せられた安政五年（一八五八）には、従二位権大納言の極官に昇りつめていることを付記しておこう。

十六代藩主松平斉善は天保九年七月二十七日に死去した。享年十九歳。春嶽が養子の台命を受けたのが九月四日で、十月二十日に襲封した。同年十二月十一日

松平春嶽肖像写真
（福井市立郷土歴史博物館蔵）

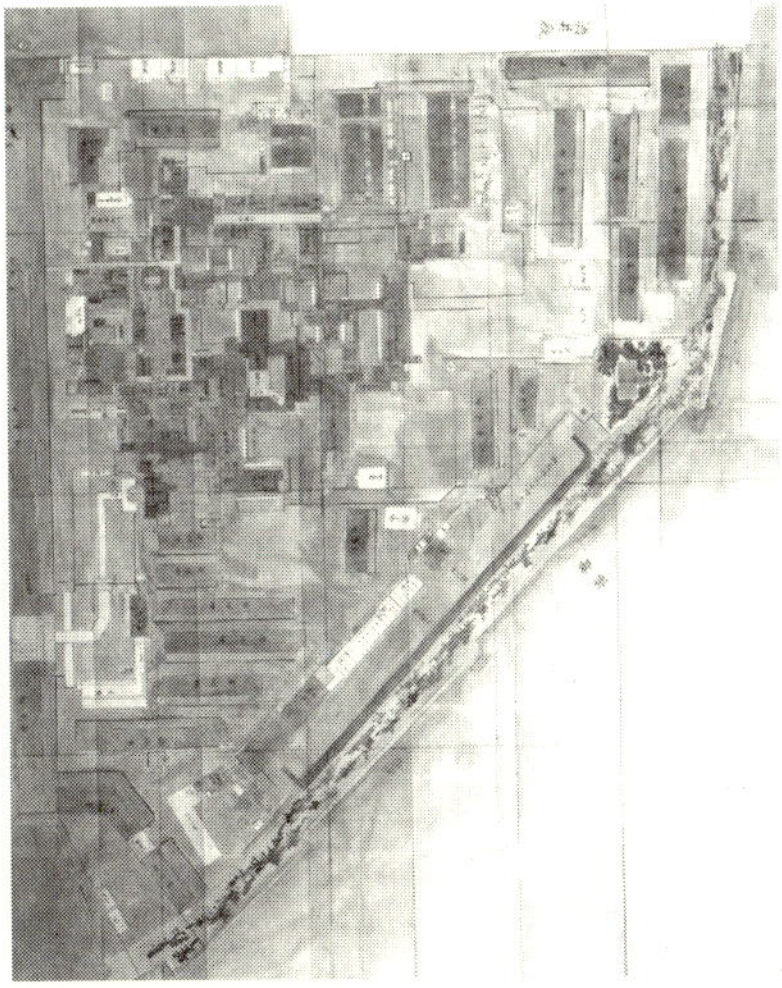
江戸常盤橋邸之図
（『福井藩と江戸』より）
（福井県立図書館保管／松平文庫蔵）

に元服し、将軍家慶の一字を拝領し慶永を実名としている。

　春嶽は、将軍家一門としての自覚と誇りから、激動する時代の流れの中でいかにして徳川の天下を保持するかということと、御家門★筆頭の福井藩松平家の安泰をどのように図るかということを自らの責務として課していた。とりわけ前者については、嘉永六年の黒船来航がその契機となっている。

　天保十四年五月、幕府から、十六歳になった春嶽に初入国の許しが出た。春嶽は越前に赴く前に水戸藩主徳川斉昭を訪問し、藩主としての心得九カ条について教示を乞《こ》うている。斉昭は四十四歳、藩政改革を推進して成果を上げており、幕政に対しても御三家の立場から積極的な提言を行い、衆望を担っていた。斉昭は、朝廷・幕府へ忠節を尽くすことを第一とし、藩政に臨んでは衆議に諮《はか》り、文武一致を目指して士気を高めることなどを、慈父のごとく少年春嶽の将来に期待して教え諭している。

　春嶽が越前に初入国後、少年藩主を名君に育て上げるために、側近にあって腐心した家臣がいた。その代表的な人物が中根雪江であり、浅井政昭であった。中根は側用人、浅井は側向頭取《そばむきとうどり》である。両人は憚《はばか》ることなく直言《ちょくげん》し、諫止した。ことに浅井が厳しく、春嶽は晩年に至るまで浅井の諫言書一〇通を一包みにして身辺に保存し、「余が今日の名誉を保つは、全く政昭を以て巨魁とす」と述懐している（『真雪草子』）。

▼御家門
将軍家の一族で、御三家以外の大名。

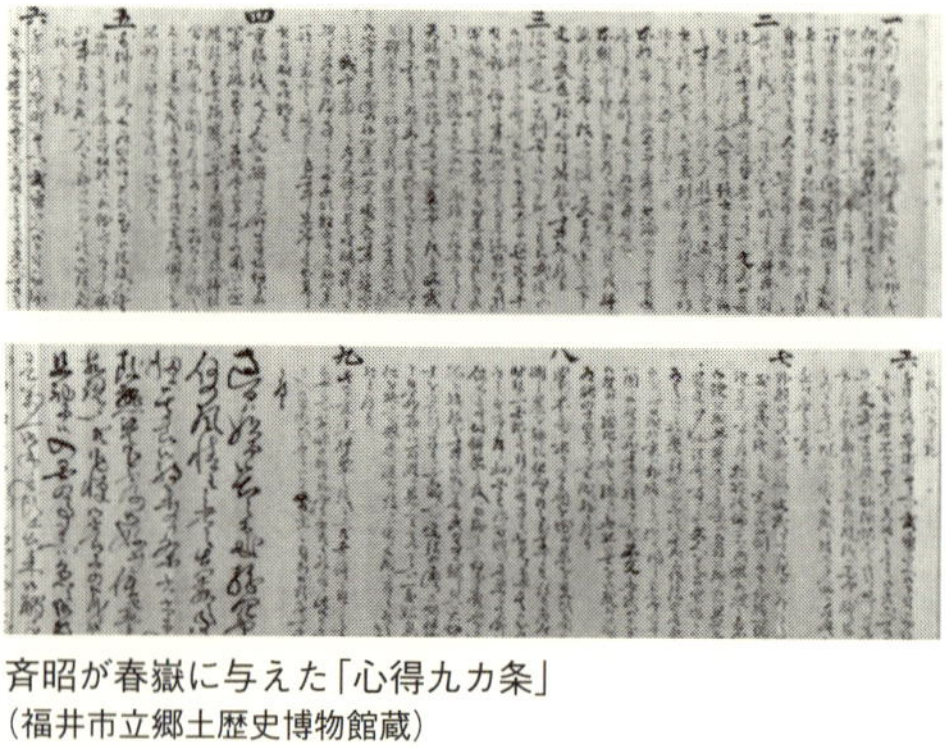
斉昭が春嶽に与えた「心得九カ条」
（福井市立郷土歴史博物館蔵）

春嶽は、常に身分・年齢の上下にかかわりなく、周囲の人々の意見を聴くことで自らの判断に誤りなきことを期していた。家臣では上掲の中根・浅井や橋本左内、大名では島津斉彬《なりあきら》・山内容堂《やまうちようどう》、他藩の家臣では横井小楠《しょうなん》など、多くの人々の意見を受け入れていた。後年、七言絶句の自作の漢詩の中で「常に衆言を聴いて宜《よろ》しき所に従ふ」と自らの政治姿勢を的確に表現している。

春嶽の人柄を如実《にょじつ》に示している漢詩なので、全文を次に掲げておこう。

我無才略我無奇
常聴衆言従所宜
人事渾如天道妙
風雷晴雨豫難期
右偶作　春嶽

中根雪江肖像
（福井市立郷土歴史博物館蔵）

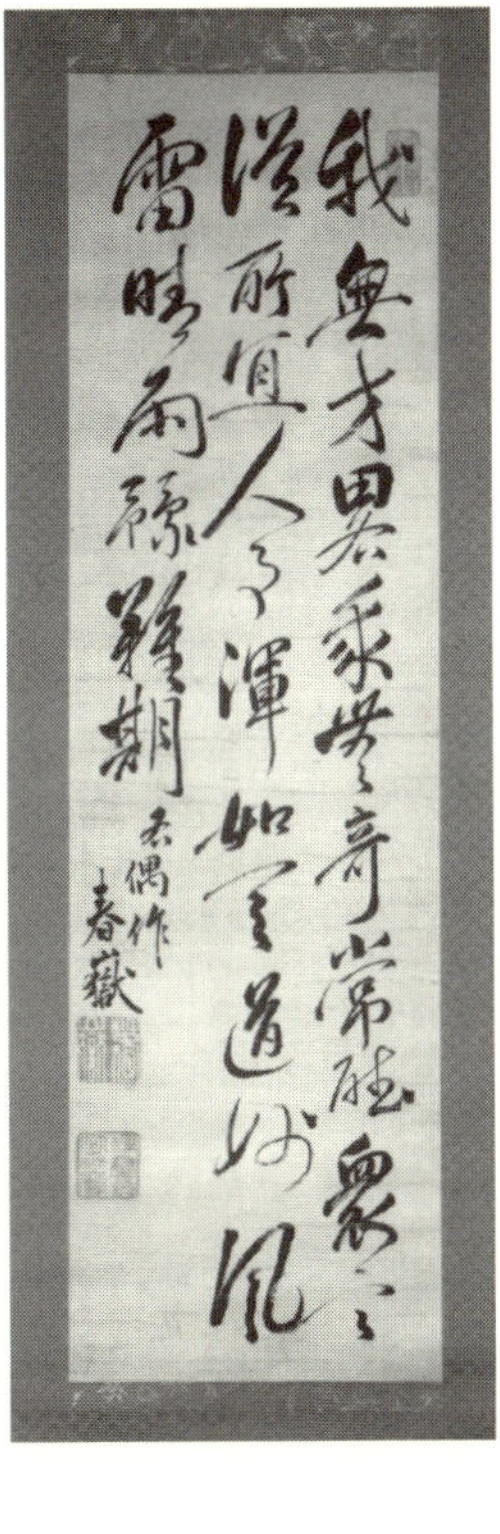
松平春嶽筆「我に才略なく……」の詩幅
（福井市立郷土歴史博物館蔵）

藩学の刷新

嘉永二年（一八四九）春、藩政改革を目指す十七代藩主春嶽は主脳部に若手を起用した。家老に抜擢された本多飛騨・松平主馬・本多修理はいずれも三十歳未満で、朱子学者吉田東篁《とうこう》の門下生たちであった。藩学の刷新を改革の目標の一つに掲げた藩主は、本多修理に〝文武勧誘取調〟を命じ、そのもとで目付の浅井政昭が文事担当となった。浅井もまた吉田の門弟であった。

ここで吉田東篁について簡単に紹介しておく。吉田は藩士といっても「鉈差《なたさ》し」と蔑称された軽輩の子であった。藩校正義堂付きの小役人から学問の道に進み、苦学力行《りっこう》し吉田塾を経営していた。「学は実践に非ざれば不可」として時務を論じ、正義堂廃校後の福井城下で多くの門弟を抱え、のちに藩政改革にかかわる多くの逸材を育てたのである。（五五頁・一四四頁参照）

藩校正義堂が天保五年（一八三四）に廃校になってから久しい年月を経ていた。そこで藩に対して、天下の大儒を招いて藩校を再開すべきであると建白を行った者がいた。浅井はその三寺三作のこの提言を取り上げ、三寺に「朱学純粋の儒者」を探して来るようにと遊学を命じた。三寺が手蔓を求めて、熊本の横井小楠の家塾に入門したのは嘉永二年十月のことであった。三寺は、儒学によって理想政治を実現しようとする小楠の「学政一致」の思想に心酔し、横井こそが浅井の求める儒者であると確信した。しかし、三寺が遊学中の十一月に、浅井は急死していた。三寺の来訪を機に、横井も福井藩に関心を持った。嘉永四年、小楠は藩の許可を得て約半年、西日本二一藩の遊学の旅に出た。その間、書簡の中で「盛大なるは福井にしくところは御座無く候」と述べているように、福井藩に最も興味を寄せていた。

福井では吉田東篁と親しく交わり、門弟七十余人の前で小楠が『大学』の三綱

吉田東篁
（『福井市史通史編2近世』より）

横井小楠銅版画
（福井市立郷土歴史博物館蔵）

領について講じている。その後福井藩士たちとの交流も急速に深まっていった。福井藩側も藩政改革の推進に当たり、小楠の助言に期待するところがあった。同五年、福井藩では理想的な藩校の再建を目指し、横井に意見を求めている。

それに対する回答が「学校問答書」であった。小楠は、藩校運営の理念を「学政一致」とし、藩校刷新を行える人材の養成を求めている。その上で現状とその問題点を鋭く指摘し、藩校開設は時期尚早であるとしていた。

しかし、福井藩では安政二年（一八五五）六月に、念願の藩校明道館《めいどうかん》を城内三の丸に創設した。藩校設立の功労者は鈴木主税《ちから》であった。鈴木は嘉永元年に側《そば》締《しまり》役★となってより春嶽のブレーンとなり、春嶽は主税の言を重んじ聴かざることがなかったといわれる。鈴木も吉田の門下生で、明道館開設に当たっては東篁を十分に抜擢して、助教の地位につけた。明道館は「文武一致」を教学の理念とし、吉田と鈴木の師弟によって運営された。入学資格は「帯刀」以上とし、入学式には一八〇七人が参加している。

安政三年二月、重病の床にあった鈴木は後継者として、若き橋本左内に目をつけ、枕頭《ちんとう》に呼んで後事《こうじ》を託した。左内は、鈴木の推挙でまず明道館の蘭学科掛りに起用された。彼は緒方洪庵《おがたこうあん》の適々斎塾（適塾）出身の俊秀であったのである。翌四年一月には学監同様心得の幹事に抜擢されて、事実上の藩校運営の責任者となる。二十四歳であった。

▼側締役
藩主側近の最重役。

橋本左内肖像
（福井市立郷土歴史博物館蔵）

左内は水戸弘道館の「弘道館記」に倣《なら》って「明道館之記」をまとめ、教学の理念を明らかにしている。彼は空理空論を否定し、実学の精神に基づく学校運営を実践した。その顕著な事例が安政四年四月の〝洋書習学所〟の開設であり、洋学の知識を活用することで物産科や算科も新設、産業の開発や兵器の製造についても研鑽《けんさん》して、富国強兵を図ることを重視していた。また、城下町に分散していた武芸諸流派の師範の稽古所を、明道館の附属として館内に集めることも行っている。

ところが、同四年八月、左内は藩主の直命で侍読《じどく》兼御用掛りに重用され、急遽江戸に赴くことになった。将軍継嗣問題のブレーンとして、春嶽の身辺にあって活躍することになったのである。

明道館は、「学政一致」を建学の理念としていたので、小楠のようなすぐれた指導者の助言が必要であった。安政四年春、招聘《しょうへい》の交渉役として村田氏寿《うじひさ》が熊本に派遣されることになった。村田はかねてより小楠と親しかったからであり、彼は当時橋本の片腕として明道館で活躍していた。

小楠の内諾は得られたが、熊本藩の承認に難航した。小楠が同藩内で危険思想家と目されていたからである。横井のような人物を他藩に貸すと問題を起こしかねないと危惧されたのである。

当時の熊本藩主細川斉護《なりもり》は、春嶽の正室勇姫《いさひめ》の父であった。つまり春嶽の義父

役輩並びに生徒名簿など、
明道館の記録
（福井市立郷土歴史博物館蔵）

に当たることから、粘り強く熊本藩主に懇請を続けたのである。紆余曲折を経て、熊本藩が折れ、翌五年三月に小楠の派遣が決まった。

小楠が福井城下に到着したのは同年四月七日であった。福井藩では五〇人扶持の高禄で客分として厚遇した。左内が去った後の明道館は、村田氏寿が幹事局御用取扱として館の運営を委《まか》されていた。小楠の講義は藩内指導者に限られていたが、朱子学の真髄と政治改革の要諦が藩中枢部に徹底して教導されたのであった。

村田氏寿肖像写真
（福井市立郷土歴史博物館蔵）

富国の方針

まず深刻な藩財政の窮乏の実態を明らかにしておきたい。

藩主春嶽は就任六年後の弘化元年（一八四四）頃から藩政改革に着手するが、当時の財政史料（松平文庫）によると、累積した借財総額は九五万八四五四両に達していた。それでは当時の福井藩の歳入額はどれくらいであったのであろうか。時代は少し下るが「安政元年御《ご》本立《ほんだて》凡積《およそつみ》」によると歳出が八万七九四六両で、二万二四七〇両の赤字とあるから、歳入はおよそ六万五〇〇〇両ということになる。藩財政は歳入の一五倍ばかりの借財を抱えた深刻な状況にあったのである。

藩政改革の重点は、まさにこの財政窮乏を克服することにあったといえる。

その方法として、従来の専売制への依存から脱却する、産業振興策の模索が始まった。安政三、四年（一八五六、七）頃、橋本左内が掲げた積極的貿易策はその方向を示すものといえよう。左内は蘭学を学び海外事情にも精通していたが、その頃下田で始まった米国総領事ハリスとの交渉から、開国に向かう幕政の気運をも察知していた。

左内は藩に対する建議などによって海外交易の利を唱導していた。この交易論に共鳴したのが由利《ゆり》公正（当時三岡《みつおか》八郎）で、通商条約調印後を目指して準備にかかっていた。

ところが、その条約発効直後の安政六年十月、左内は後述する将軍継嗣問題にかかわったことで、幕府によって処刑されてしまった。由利は理論的指導者を失ってその出端《でばな》をくじかれるが、やがて左内に代わり由利を指導することになるのが横井小楠であった。

横井小楠は、安政五年四月、教育顧問として福井藩に招かれていた。やがて彼は藩主脳と藩政の基本政策について協議し、万延元年（一八六〇）に『国是三論』をまとめている。その富国論の骨子は次の通りである。

交易によって民を豊かにすることが「富国」の大前提で、領民が富むことこそが藩（国）が富むことになる。そのためには、領民が生産物を商人に買い叩かれないように、藩営貿易がなされるべきである。藩がその利益を貪《むさぼ》らなければ、生

由利公正肖像
（『由利公正のすべて』より）

産者である領民に富が蓄積される。さらに民を豊かにするためには彼らが増産に励むことが必要だが、その元手となる生産資金は藩が無利子で融資しなければならない。その資金の調達方法として藩札を発行する。仮に一万両の藩札を領民に貸し付け生糸を生産したとする。その生産物を開港場で売却すると正金《しょうきん》一万一〇〇〇両が得られる。かくして藩札（紙幣）が正金に変わった上に、さらに一〇〇〇両の利益が得られる。藩はその正金を生産販売に充当すれば必ずや藩財政は安定する――というのが横井の富国策の骨子であり、我が国が初めて国際貿易を始めるという状況下にあって、産業資金の融通で商品を生産し、海外交易によりその成果を確実に収めることができる具体的な方法を明示したのであった。

小楠の理論を現実の施策として実践したのが、経済担当の由利公正らである。安政六年には産業資金として藩札五万両の発行を決定、藩営貿易の拠点として〝物産総会所〟を開設した。当会所は、福井城下九十九橋北詰めの藩札元締め駒屋方に設けられた。

物産総会所に集荷された産物は、横浜・長崎の藩営商社を通じて海外に輸出された。福井藩の横浜商館石川屋には、岡倉天心★の父に当たる岡倉覚右衛門が送り込まれた。岡倉は〝制産方下代〟という下級武士であったが、算勘の才能を見込まれ藩命によって商人となり、越前屋金右衛門と名乗る。福井藩をバックに越前の生糸・紬《つむぎ》・紙・茶などを海外に輸出した。横浜に次いで長崎にも福井屋を出店

横井小楠（右）・由利公正旅立ちの像
（本丸緑地内堀公園）

▼岡倉天心（覚三）
文久二年（一八六二）、福井藩の横浜商館の経営に当たっていた覚右衛門の長男として、横浜商館にて生まれる。本名は覚三、天心と号する。明治期美術界の指導者。大正二年（一九一三）没。

した。福井城下商人の三好波静が、藩の支援のもとに生糸の輸出を行ったのである。

福井藩領の商品生産は活気づき、生糸・布・木綿・茶・麻等が盛んに産出された。由利の伝記によると、文久元年（一八六一）に長崎から輸出された生糸だけでも二五万ドル（一〇〇万両）の販売実績を上げたという。かくして春嶽の代において着手された経済再建策は、茂昭の代に軌道にのったのであった。

「漢蘭兼学」から西洋医学の摂取へ

蘭医方を学び、疫病《えきびょう》「痘瘡《とうそう》」の予防には牛痘種痘《ぎゅうとうしゅとう》が最良の策であることを知った町医笠原白翁は、藩に痘苗《とうびょう》（ワクチン）の輸入を上書している。嘉永元年（一八四八）十二月、彼の知人で藩主松平春嶽の侍医であった半井仲庵《なからいちゅうあん》の仲介によって、その訴えが春嶽の承認するところとなり、やがて領内で種痘が行われることになった。（一九六頁参照）

また同年春嶽は匙医《さじい》半井の蘭方による調薬を服用し、当時なお主流であった漢方医に対して漢蘭兼学を求めたのである。元来半井家は漢方医であったが、仲庵は学識卓越し、笠原や同じく蘭方医大岩主一《おおいわしゅいち》とも交流し、蘭学への造詣を深めていた。福井藩の医療の中枢にいた半井が蘭方に荷担したことの効果は大きかった。

横浜に出店した商館・石川屋（『横浜開港見聞誌』より）

大岩は安政二年（一八五五）に藩医に召し抱えられている。
安政三年春、春嶽は三年前に召し抱えた蘭方医坪井信良を伴って帰国する。国許の藩医たちが漢方・蘭方の差別なく医学を学ぶように指導するためであった。早速藩医で少壮気鋭の岩佐純（玄珪）ら七名に、原書学の修業を命じている。また、七月には、前年発足した藩校明道館の蘭学科掛りに、橋本左内が起用された。この年、福井藩では『和蘭語学原始』を翻刻しているが、大岩主一や町医の笠原白翁・宮永欽哉が企画したものであった。

万延元年（一八六〇）以降、若き俊秀の藩医たちが公費で長崎に留学し、オランダの医官から蘭方医学の指導を受けることになった。その先鞭《せんべん》をつけたのが岩佐純で、ポンペやボードウインに師事している。ポンペは文久元年（一八六一）に西洋式病院長崎養成所の設立に貢献している。元治元年（一八六四）には橋本左内の弟綱維がボードウインの許に入門、翌慶応元年（一八六五）には左内の末弟橋本綱常《つなつね》もボードウインやマンスフェルトについて、オランダ医学を研修している。なお、医学所済世館がフランスの解剖学者オズー作の等身大の紙製人体解剖模型キュンストレーキ二体を入手している。男性体は万延元年、女性体は明治二年（一八六九）に購入している。（一四五頁参照）

この頃、医師にとどまらず若き逸材が長崎に赴いている。その一人が日下部《くさかべ》太郎である。日下部は藩士八木郡右衛門の長男で、医学志望ではなく、航海技術の

グリフィスを囲む福井の生徒
（福井市立郷土歴史博物館蔵）

日下部太郎肖像写真
（福井市立郷土歴史博物館蔵）

習得のために長崎にて英学を学んでいる。日下部は、やがて国内での研修には限界があることを悟り、慶応三年（一八六七）三月、海外渡航の解禁を機に外国留学を志し、藩費留学生として米国のラトガース大学に入学した。しかし、明治三年（一八七〇）四月、卒業を目前に客死している。享年二十六歳であった。

日下部は、ラトガース大学において先輩のW・E・グリフィス★の指導を受けていたが、グリフィスは明治四年三月、福井藩雇いの理化学教師として福井に着任している。

再び医療に戻すと、明治期に入り前掲の岩佐純は、明治二年に太政官雇いに抜擢され、医学取調御用掛として、我が国にドイツ医学を導入することに尽力し、同五年には明治天皇の大侍医となっている。橋本綱常は、明治三年には兵部省《ひょうぶ》軍事病院の医官となり、同十八年には累進して陸軍軍医総監に就任している。

幕末期の福井藩の医療の先進性は、上記二例でもわかるように、近代国家の医療の中枢に多くの人材を送り込んだのであった。

▼W・E・グリフィス
一八四三〜一九二八。アメリカの教育者。『皇国』の著者として知られている。

②将軍継嗣問題に割れる幕政

ペリー来航時、二十六歳だった春嶽は強硬な攘夷論を展開していた。
その後の将軍継嗣問題では、井伊直弼に隠居・謹慎に処せられる。
そして「安政の大獄」で、股肱の臣・橋本左内を失ってしまった。

一橋派と南紀派の抗争

嘉永六年（一八五三）六月三日、黒船四隻が江戸湾に現われた。アメリカ東インド艦隊の来航である。旗艦サスケハナ号（二四五〇トン）にはペリー提督が搭乗していた。当時、最大の和船である千石船が一〇〇〇トン程度であったので、その威容から受けた衝撃は大きく、開国を要求されたのである。

幕府は、海防問題の第一人者であり、尊王攘夷論の指導者と仰がれていた水戸藩主の徳川斉昭を海防参与に任命した。また、異例のことながら全大名からその対応についての意見を徴している。大名のうちで攘夷を訴えた者は少数で、多くは開国を止むなきものとした。

その中にあって当時二十六歳の春嶽は強硬な攘夷論を展開し、武備の増強を求

久里浜陣営の図
（横浜市立図書館蔵）

めている。春嶽は、この外圧を征夷大将軍である徳川家の危機と捉え、安易な妥協は将軍家の墓穴を掘るものと考えていた。

黒船が退去した直後の六月十二日に十二代将軍家慶《いえよし》が死去し、世子家定（二十九歳）と交代した。家定は生来病弱で、春嶽が「凡庸中の極三等」（『逸事史補』）と酷評しているように、この危機の時代の将軍職を遂行できる器ではなかった。その家定に鎖国か開国かの極めて重要な政治選択の決断が委《ゆだ》ねられたのである。その上家定には嫡子が不在で、不時に備えた将軍の代行者も決まっていなかった。慣例は、御三卿か御三家の中で最も血縁の近い人物が将軍後継者に選定された。

当時候補者とされた人物に、一橋家の慶喜《よしのぶ》と紀伊藩主徳川慶福《よしとみ》がおり、競合していた。慶喜は、「衆人に優れたる人才」と目され、既に十七歳に達しており、将軍の補佐が可能な逸材であった。しかし、水戸家出身の彼は、血縁的には現将軍と遠いという難点があった。それに対して慶福は家定の従弟であり、血縁的には近いが、年齢は八歳の少年でしかなかった。

かくして将軍継嗣をめぐって政治問題化した。幕政改革を求める人々は慶喜を支持し〝一橋派〟として結集、従来の政治路線の維持を図る人々は〝南紀派〟として慶福擁立で一致した。後者には譜代大名が多く大奥に影響力をもち、その重鎮には譜代の名門彦根藩主の井伊直弼《なおすけ》がいた。田安徳川家出身の春嶽は血縁的には慶福に極めて近かったが、幕政改革を求める立場から薩摩藩主島津斉彬とともにに慶喜推挙の中心人物として活躍した。

慶喜擁立の動きは黒船退去の直後からあったが、将軍後継者にかかわることなので表沙汰にはできず、水面下で動いていた。

安政三年（一八五六）七月、下田駐在の米国総領事ハリスが、通商条約の本格化のため江戸出府を求めた。春嶽は、この重要問題の対処には英明な将軍を欠かせないとして慶喜擁立を急ぎ、十月に入り島津斉彬・伊達宗城《むねなり》・蜂須賀斉裕《はちすかなりひろ》（徳島藩主）・徳川慶勝（尾張藩主）に書状を送って協力を求めた。同年十二月、島津斉彬は養女篤姫《あつひめ》を将軍家定の正室として入輿させているが、一橋派の布石であったといえる。老中阿部正弘も慶喜擁立の理解者であり、春嶽・斉彬はその手腕に期待していたが翌四年六月に死去、一橋派にとって深刻な痛手であった。

春嶽は、将軍継嗣運動を有利に進めるために、股肱《ここう》の家臣が必要であった。春嶽は安政四年八月少壮有為の橋本左内を抜擢し、ブレーンとした。左内は緒方洪庵の適塾出身で海外事情に精通していた。左内は幕政改革を行って積極的に開国し、海外交易を介して我が国の富国強兵を図ることを構想していた。その幕政改革には英明な慶喜の擁立が欠かせなかったのである。

一方、島津斉彬も身分の低い西郷隆盛を腹臣として将軍継嗣運動に当たらせていた。安政五年、橋本・西郷両人は連携して朝廷工作に当たり、将軍継嗣選定に当たって一橋派に有利な内勅《ないちょく》が下されるように奔走したのであった。

井伊大老、幕政改革派を弾圧

安政五年（一八五八）四月、老中首座堀田正睦《まさよし》は、孝明天皇から、通商条約につき諸大名と再議せよといわれて空しく江戸に戻ってきた。天皇の承認を得るためには一橋派の協力が必要と考えた堀田は、慶喜を将軍継嗣とすることに意を固めた。堀田はその布石として春嶽を大老とすべく、将軍家定に進言したが拒否された。その直後、家定は南紀派の総帥井伊直弼を大老に任命した。

井伊は、将軍継嗣問題に部外者が介入するのは秩序の破壊であるとして、強引に十三歳の慶福を継嗣に内定、五月一日、将軍は大老・老中に慶福を世子に決定すると伝えた。同年七月六日に家定が死去、慶福が十四代将軍に就任、その名を家茂《いえもち》と改めている。新将軍が弱輩であることから、春嶽の実弟である徳川（田安）慶頼《よしより》が将軍の後見役となった。

家定死去に先立つ七月五日、井伊大老は一橋派に対する弾圧を行った。松平春嶽と尾張藩主徳川慶勝が隠居・謹慎、水戸藩主徳川慶篤《よしあつ》・一橋慶喜が登城停止、水戸の老公斉昭も謹慎に処せられた。三十一歳の若さで「隠居」を命じられた春嶽は即時霊岸島の中屋敷に移り、謹慎生活に入った。幕府は、一族中の糸魚川藩主直廉《なおきよ》を後継藩主に任命、将軍の一字を拝領して茂昭《もちあき》と改称している。

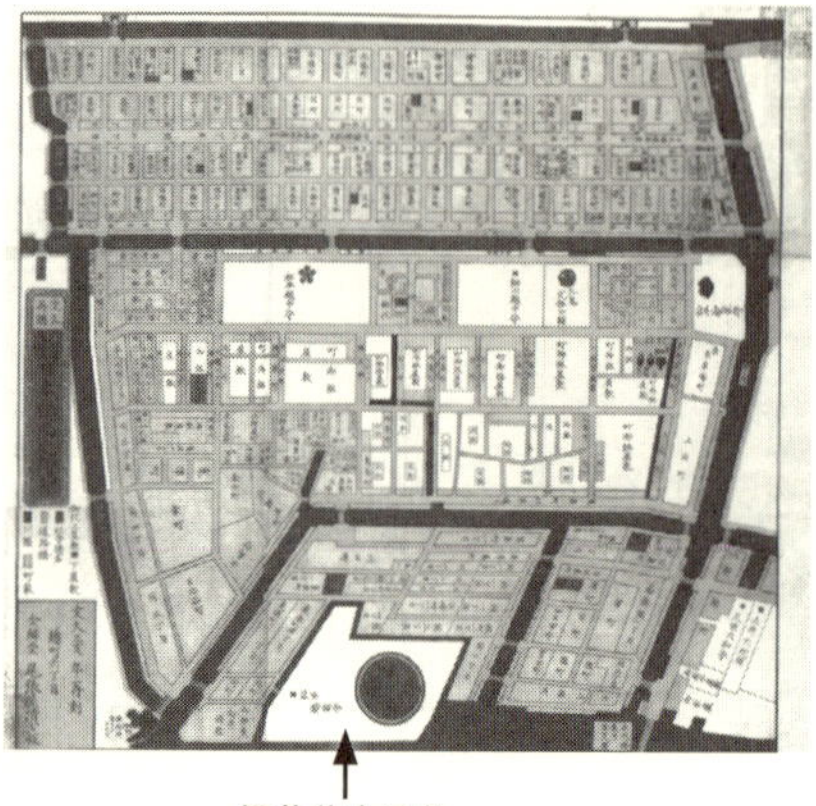

日本橋南之絵図（福井藩中屋敷霊岸島図）
（『福井藩と江戸』より）
（福井県立図書館保管／松平文庫蔵）

井伊は、将軍継嗣問題の解決を図った一方で、通商条約の調印も強行した。六月十九日のことである。攘夷論者孝明天皇が強く求めた諸大名との再議は不問に付した。調印の直後、老中堀田は解任され、強行した責任は堀田に転嫁された。

八月に入り条約調印と一橋派処分の報が京に達するや、孝明天皇は激怒した。天皇は無断調印を批判し、一橋派処分に憂慮する旨の勅諚を幕府と水戸藩に伝達した。幕府宛はともかく、水戸藩宛は従来の朝廷と幕府間の慣例に反するもので、密勅ということになる。しかも朝廷はこの密勅を福井藩など有力諸藩に回達することも求めていた。幕府は反発し、水戸藩にその返還を求めた。

また、井伊は急遽、老中間部詮勝（越前鯖江藩主）を京へ派遣した。間部は九月から翌年二月まで京に滞在し朝廷と厳しい交渉を行った。朝廷の首脳を威嚇し、十二月一日には事実上の条約勅許を得ている。

さらに条約に反対した攘夷派の公家や志士の処罰に着手した。いわゆる「安政の大獄」である。厳しい詮議は翌六年十月頃まで続き、多数の処罰者を出している。橋本左内もその一人であった。主君春嶽が隠居・謹慎を命じられた直後から政治活動を封じられ、八回にわたり幕吏による厳しい審問を受けた。

安政六年十月七日、幕府の処分が決定した。軽輩の身分で将軍継嗣問題に関与したことは、公儀を憚らざる行為であるとして、江戸伝馬町獄舎において斬罪に処せられたのである、享年二十六歳。幕府は通商条約を結び、開国に踏み切った

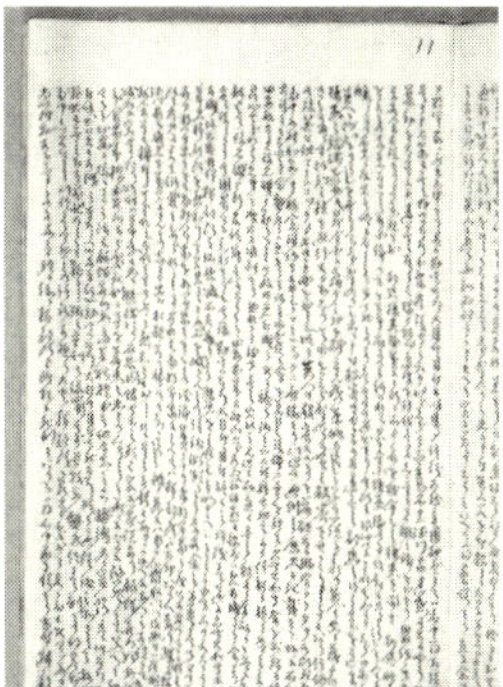

松平春嶽筆「逸事史補」
橋本左内の死罪に至る、関係者からの伝聞を詳細に記している
（福井市立郷土歴史博物館蔵）

その時に、海外事情に精通した開国派の有為の青年を斬って捨ててしまったのである。

これも福井　孝子と節婦

　江戸時代においては、儒教的道徳観に基づいて、孝子と節婦《せつぷ》が賞揚された。ことに封建支配に揺らぎがみえてきた幕末期には、それが民衆の教化と農村振興策に利用されている。

　享和元年（一八〇一）、幕府が「孝義録」を編纂したことで諸藩がそれに追随したのはそのいい例といえる。

　それからみると福井藩主松平吉邦が享保五年（一七二〇）に孝子・節婦を表彰したのはかなり早く、当時「御政道の正しき事」として他国でも評価されたのであった。

　その表彰というのは、享保五年二月に吉邦は、南条郡国兼村（現越前市）の平七と今立郡水落村（現鯖江市）つよ女《じょ》の両名を孝子として、坂井郡吉崎浦（現あわら市）の品女《しなじょ》を節婦として賞揚したのである。そして三人に対しては米五〇俵と生涯にわたり諸役免除の恩典が与えられた。

　表彰された三人の徳行のあらましは次の通りである。

　平七は貧農の子で幼少で母を亡くし、父の手で育てられた。心立ては律儀で、孝心も厚かった。無高なので請作し、人に雇用されて渡世している。貧しくとも自分の食を減じて父に生魚を与えようとしたことなどで村中の評判となり、かえって村人が平七の面倒をみてくれるという「孝行の徳」の好例となった。

　つよ女の父与三右衛門は病身であり耕作ができなかった。そこで母と娘つよが糸を紡いで渡世とし、年貢も納めていた。ところが、数年前から母も寝たきりとなり、つよ女一人で生活費を稼ぎ、両親の看病をしなければならなかった。つよの献身的努力が村中で評価され、村内の子供たちの手本とされたのである。

　蓮が浦の品女は十四歳の時、吉崎浦の藤次郎に嫁した。一年後夫は他国に出たまま音信が絶えた。品は顔立ちよく、裕福な人から度々再婚話を持ちかけられたが承引せず、三年後に夫は戻ってきた。五年後藤次郎は死去したが、品は即座に剃髪して尼となった。それで貞女（節女）としての評判が高くなったのである。（一〇六頁参照）

③ 春嶽の幕末・維新期の動向

いかに徳川の天下を保持し、どのように福井松平家の安泰を図るか
——春嶽の思いとは裏腹に、討幕派が主導権を握り、明治の扉が開く。
「薩奸」を批判した春嶽は、新政権内で疎外され、孤立化していく。

政事総裁職の施政と公武一和

井伊大老は強権発動で反対派を圧服したが、二年後「桜田門外の変」で反撃の一矢を報いられた。万延元年（一八六〇）三月三日、江戸城に登城中、水戸藩の脱藩浪士らに襲撃され、大老は敢えなくも首を打たれた。

その後幕府は急速に専制から後退し、朝廷との融和策を図った。その象徴的な事柄が皇女和宮《かずのみや》（孝明帝の妹）の降嫁《こうか》で、文久元年（一八六一）十月、江戸城内にて将軍家茂との婚儀が行われた。公武一和が具現したのである。ただし、幕府は遅くとも十年以内に「鎖国」に復帰することが条件となっていたのであり、他国との条約を反故《ほご》にすることを朝廷と約束させられたのであった。

幕府の威力が低下する一方で、その分だけ朝廷の権威が回復し、その間隙《かんげき》を縫

って雄藩の台頭がみられた。ここでは将軍継嗣問題において、福井藩と統一行動をとった薩摩藩の事例を取り上げておこう。

薩摩藩主島津忠義の実父久光（藩主後見）は、亡兄斉彬が目指した公武合体路線を継承すべく、文久二年（一八六二）三月、精兵一〇〇〇を率いて上洛した。島津久光は現下の幕閣では公武一和は実現せずと朝廷を説得し、その人事に介入するために勅使の江戸派遣を要請した。

同年五月、久光は勅使大原重徳《しげとみ》に随行して江戸城に入り、七月には慶喜の将軍後見職、春嶽の政事総裁職が実現した。政事総裁職は大老と同じ役職であるが、大老は名門の譜代大名が就く役職で、御家門の前福井藩主にはふさわしくないということで改称したものである。いずれにしても、井伊大老の強権によって失脚した一橋派の両人による新政権が誕生したのであった。

要職に就いた春嶽には政策立案のブレーンが必要であった。将軍継嗣問題の政治工作では、新進気鋭の橋本左内が活躍した。この度の幕政の舵取りを果たしたのは、老練な五十二歳の横井小楠であった。小楠は、着任早々左記の「国是七条」を掲げ、幕府に改革を求めた。

一条　すみやかな将軍の上洛
二条　大名の隔年参勤を止め、三年ごとの述職（藩政の報告）とする
三条　大名妻子を国許に帰す

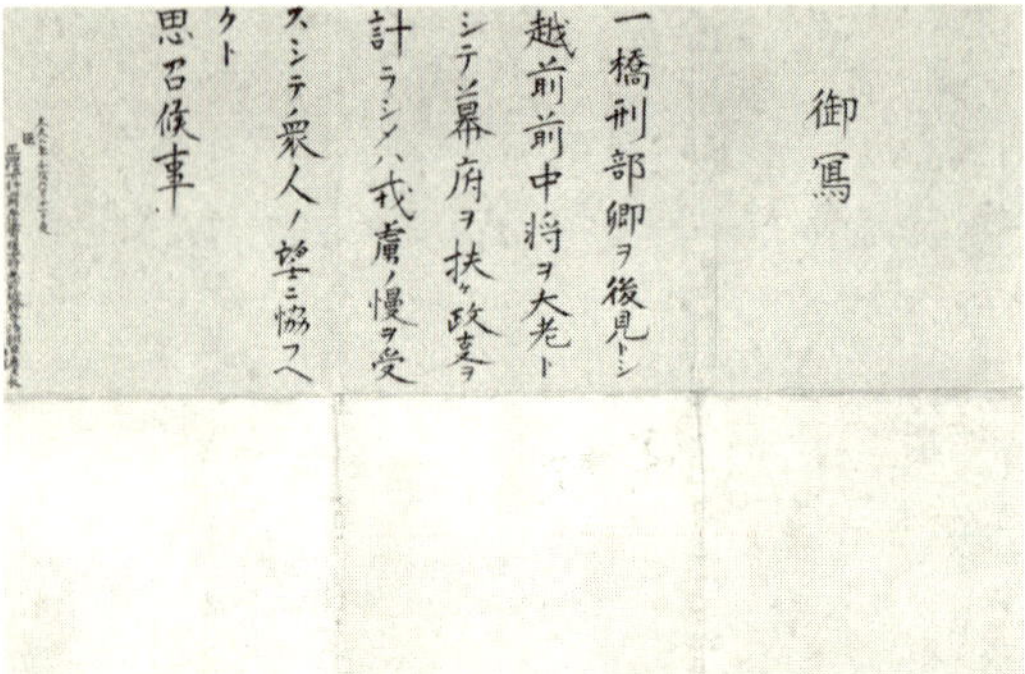
御寫
一橋刑部卿ヲ後見トシ
越前前中将ヲ大老ト
シテ幕府ヲ扶ケ政事ヲ
計ラシハ戎虜ノ慢ヲ受
スシテ衆人ノ望ニ協フヘ
クト
思召候事

「勅書御写」
「越前前中将ヲ大老トシテ」とあるが、福井藩側の要請を受け、幕府は政事総裁職に任命した
（福井市立郷土歴史博物館蔵）

四条　幕府は賢を選んで政官とする
五条　言路を開き、幕私を捨てて公共の政を行う
六条　大名と合体で海軍を興す
七条　海外交易を大名と一致して行う

第一条の将軍上洛は、文久三年（一八六三）三月に二百三十四年振りに実現した。これ以後、京都は政治都市として大きく変貌する。第二、三条は幕府独裁からの転換を意味し、大名の財政負担を著しく軽減するものでもある。第四、五条は公武合体を進め、幕府を中心とした雄藩連合を目指すものといえる。第六条は、文久三年四月に軍艦奉行の勝海舟が神戸海軍操練所建設に着手したことで、その具体化に一歩を進めている。最後の第七条は開国を進めるもので、攘夷派にとっては許し難いことであった。

文久三年三月、将軍家茂が上洛、京には将軍後見職徳川慶喜・政事総裁職松平春嶽・京都守護職松平容保《かたもり》、それに公武合体派の大名山内容堂・伊達宗城が集結、遅れて島津久光も上洛した。

しかし、当時の京は三条実美《さねとみ》ら尊攘激派の公家と、それを助勢する長州藩が攘夷を主張し、尊攘派浪士の横行も止まず、政局は混迷を極めた。公武合体策は頓《とん》挫《ざ》し、進退に窮した春嶽は慰留もきかず、辞表を提出して帰国、同月二十五日に解任され逼塞《ひっそく》を命じられた。

その後幕府は、攘夷決行の期日を「文久三年五月十日」と定めることを余儀なくされ、「横浜鎖港」問題が急浮上した。かくして英米仏蘭四カ国の艦隊が大坂湾に入港して、朝廷に談判を要求するという険悪な気配も生じた。

春嶽帰国後の福井では、横井小楠を中心とする幕政改革派が、公武合体に尽力した主君が逼塞を命じられたことに反発し、その主因である暴走気味の攘夷派を京から排除することを画策した。そこで、朝廷が幕府に代わって親裁するものとし、外国船の大坂湾侵入を前に、外国側代表を京に呼び寄せ談判することを藩議としてまとめ、その実現を図るために春嶽父子が藩兵四〇〇〇を率いて上洛するという挙藩上洛策を五月二十六日に決定した。

ところが、京の情勢判断のために入洛していた側用人の中根雪江が同月三十一日に帰国し、挙藩上洛はその時期に非《あら》ずと強く反対した。六月に入り、将軍が江戸に戻ったことで、幕府より藩主茂昭に参勤の要請があった。挙藩上洛の是非をめぐり、横井小楠を中心とする推進派と中根に同調する反対派が激しく対立したが、同月十四日中根雪江が蟄居を命じられた。

ところが、福井藩の計画に対する洛中の尊攘派による反対運動が激しさを増し、加えて福井藩に協力を約していた大名にも動揺がみられ、七月二十三日に至り春嶽が最終的に中止を決断した。

挙藩上洛派の松平主馬・本多飛驒両家老をはじめ、中心となって計画を進めた長谷部甚平・由利公正（三岡八郎）らが蟄居の処分を受けた。主謀者横井小楠も八月十一日に熊本に帰国している。藩主茂昭が江戸へ向かったのは八月十七日のことである。会津・薩摩両藩兵が御所を警固し、三条実美ら尊攘激派の公家と長州藩を京から放逐したのは、翌八月十八日のことであった。

四侯会議

〝征長の役〟において、幕府軍は長州軍に勝つことができなかった。その第二次征長の最中《さなか》の慶応二年（一八六六）七月二十日、将軍家茂が大坂城にて急死した。慶喜が急遽宗家《そうけ》を相続、十二月五日に将軍職を継承する。その直後の十二月二十五日、朝廷内で最も徳川政権を支持し、征長にも協力的であった孝明天皇が発病から二週間足らずで崩御《ほうぎょ》された。翌三年正月、国喪に服し征長軍がいったん解かれる。

慶応三年、年明けと共に解決が急がれた政治課題が二つあった。その一つは第二次征長を終結させるために必須の条件である長州藩主父子処分の問題であり、他の一つは兵庫（神戸）開港の問題である。朝廷と幕府は、この両案解決のための調停を松平春嶽・島津久光・山内容堂・伊達宗城の四人に委ねた。

まず第二次征長についてであるが、慶応元年九月に勅許が下り、翌二年六月に幕府が強行したものである。春嶽は、再征の準備に着手した慶応元年四月の段階で徳川慶喜に対して諫止の書状を送っており、福井藩としても再征の非を訴える建白書を提出していたのである。また、薩摩藩も慶応二年一月に密かに薩長同盟を結んだことから征長出兵を辞退していたし、隠密に長州復権の実現を目指して連携を深めていたのである。

もう一つの課題である兵庫（神戸）開港についてであるが、「ロンドン覚書」（文久二年〔一八六二〕六月調印）によって、慶応三年十二月七日が開港予定日となっていた。その実施のためには手続き上、半年前に開港を布告しなければならない。長州再征に失敗した幕府はこの外交問題にその威信を賭けており、同年春、慶喜は大坂城にて英・米・仏・蘭の公使と接見し、兵庫開港を約束しているのである。

両案件を協議するために四人が上洛した。四月十二日に島津が入洛、次いで十五日に伊達、翌十六日春嶽、やや遅れて山内が五月一日に上洛した。五月中に数回会合を重ね、将軍慶喜が参加することもあり、兵庫開港と長州藩主父子の処分のことが討議された。当然慶喜は兵庫開港の結着を急いでおり、島津は長州藩主父子の処分について優先を求めた。両者の主張には相容れぬものがあり、ことごとに対立し、調停役の春嶽は苦慮した。とりわけ幕府側は長州藩主父子に対して、処分以前に長州藩からの寛大な処分を求める嘆願書の提出を要求した。

徳川慶喜肖像写真
（福井市立郷土歴史博物館蔵）

このことから慶喜と四侯は衝突した。かくして妥協点を見出せないままに四侯会議は解散する。結局、将軍慶喜が朝議をリードし、五月二十四日に兵庫開港と長州藩主父子への寛大な処分についての勅許が下された。

解散後の四侯は、五月二十七日に容堂が病気を理由に帰国、春嶽も八月九日失意のうちに国許に戻った。久光は、もはや慶喜との妥協は困難として討幕に傾き、宗城もそれに同調したのであった。

大政奉還前後

薩摩藩は、長州藩の復権を図るために朝廷を動かして四侯会議を画策したのだが、将軍慶喜に振り回されてその所期の目的を果たすことができなかった。そこで政局の転換を図るため、薩摩藩士の西郷隆盛・大久保利通らは武力討幕を決意することとなった。

佐幕一筋に模索してきた土佐藩も行き詰まり、同藩参政の後藤象二郎は、薩摩藩に近い土佐勤王党出身の坂本龍馬に接近した。坂本も今後の土佐藩の動向に深い関心をもっていたので、土佐勤王党を弾圧したことのある後藤を受け入れた。

四老公肖像写真衝立
（福井市立郷土歴史博物館蔵）

慶応三年（一八六七）六月、坂本は後藤に「船中八策」を提示、幕府が政権を朝廷に返還するよう説得した。後藤は坂本の提案に応じ、主君山内容堂の承認を得て、公議政体を目指すことを同藩の藩是《はんぜ》とした。公議政体は、大名会議に政治の実権を移すことで、将軍中心の幕藩体制の立て直しを図るものである。同月、後藤は、坂本の仲介で薩摩藩と薩土盟約を結んだ。薩摩は、武力を用いることなく将軍を政権から下ろすことを望みもし、武力を蓄えるための時間を要したことから、後藤と提携したのであった。

慶応三年十月、政局は大きく動いた。三日に後藤が在京中の老中板倉勝静《かつきよ》に大政奉還の建白書を提出した。十四日には将軍慶喜が朝廷に大政奉還の上表文を差し出し、翌十五日に受理された。一方、薩摩藩は岩倉具視と密議を凝《こ》らし、同月十三日には同藩に討幕の密勅が下されている。薩摩藩や土佐藩の積極的な動きの中で、春嶽と福井藩は埒外《らちがい》に置かれていた。

大政奉還を受理した朝廷は、松平春嶽・徳川慶勝・島津久光・山内容堂・浅野茂長・鍋島直正・伊達宗城、それに将軍慶喜の実弟である池田茂政の八人に上洛を命じた。また、十万石以上の大藩の藩主にも、十一月下旬までに上京することを求めた。しかし、諸侯は事態を静観するのみで、慶喜が大名会議をリードすることを意図した公議政体の発足は覚束ない状況であった。十一月上旬、坂本龍馬が後藤の名代《みょうだい》として福井を訪れ、春嶽の至急上洛を要請している。

春嶽が朝廷の命に応じて上洛を果たしたのは、十一月八日のことである。春嶽は十四日に慶喜に会い、大政奉還の経緯について詳細な説明を聴き、早速その件を国許の藩主茂昭に手紙で知らせ、その果断な措置を賞揚している。

十一月下旬、薩長は武力討幕に踏み切った。十一月二十三日、薩摩藩主島津茂久は兵三〇〇〇を率いて入京している。遅れて長州藩兵八〇〇人も同藩の宥免《ゆうめん》と入京の許可を待って、摂津西宮に宿営した。薩摩藩は実力行使の日を、兵庫（神戸）開港の十二月七日を念頭に調整していた。薩摩藩は土佐藩にも参加を求め、その同意を得て決行日を十二月九日とした。後藤は、十二月五日に薩長の密謀を春嶽に伝えた。春嶽は翌六日、中根雪江を二条城の慶喜の許に遣《つか》わし、事の次第を報知したが、もはや手の打ちようがなかったのである。

王政復古宣言

慶応三年（一八六七）十二月九日に王政復古の大号令が下り、朝廷は一新し、幕府は瓦解した。春嶽は要人の一人として、激動する政局の一部始終を深い挫折感を味わいながら体験、その顚末を国許の藩主茂昭に逐一知らせている（『松平春嶽未公刊書簡集』）。その模様を慶応三年の十二月六日と十三日付、明けて同四年一月五日と十日付けの計四通によって、うかがってみることにしたい。

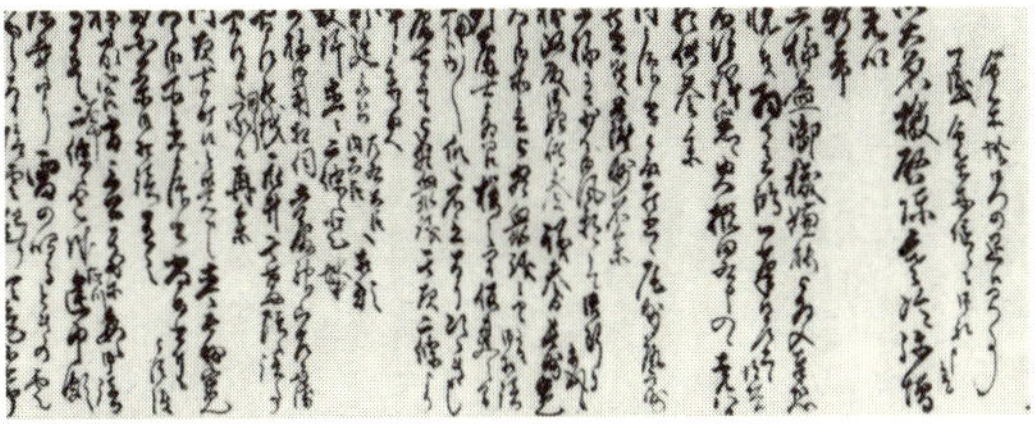

茂昭宛春嶽書簡
（福井市立郷土歴史博物館蔵）

薩摩の大久保・西郷らと公家の岩倉など、ごく少数の者で企てられた密謀は、摂政・議奏★・伝奏★・国事掛を廃止し、将軍の辞任、京都守護職の解職、京都所司代の廃止という破天荒な計画であった。三日後に武力をもって実行するということを知った後藤象二郎は、春嶽に極秘に伝えている。

同年十二月八日夜、摂政・三公★・議伝★・国事掛による旧制度最後の会議で長州の宥免が決定した。明けて九日、薩摩・土佐・越前・尾張・安芸五藩の兵力で固められた御所に、討幕派の廷臣と五藩の関係者が参集した。

明治天皇は参内者を前に王政復古を宣言した。次いで制度の変改が行われ、総裁・議定・参与の三職が発令された。総裁には有栖川宮、議定には親王二人・廷臣三人・諸侯五人の計一〇人、参与には廷臣五人と五藩各三人の合計二〇人、都合三一人であった。福井藩では、議定に松平春嶽、参与に中根雪江・酒井十之丞・毛受《めんじゅ》鹿之介が任命されている。討幕派のクーデターであったから、当然幕府側の者は三職から排除された。

その直後、小御所《こごしょ》の会議で、徳川慶喜の辞官と納地が提案されたことから、公議政体派の春嶽と山内容堂は激しく反論、「越土両侯極死ニて及激論」（『松平春嶽未公刊書簡集』）と、不穏な当時の様相を伝えている。

年が明けた慶応四（明治元）年一月三日、鳥羽・伏見の戦いが勃発した。その戦乱では四五〇〇人の薩長軍が一万五〇〇〇人の幕府軍を撃破している。六日夜、

▼議奏
天皇に近侍し、口勅を公卿に伝え、議事を奏上する役。

▼伝奏
取り次いで奏聞する役。武家伝奏が重視された。

▼三公
太政大臣・左大臣・右大臣。

▼議伝
議奏と武家伝奏。

最高指揮官の徳川慶喜は密かに大坂を脱出して江戸に帰還、翌七日に朝敵の烙印《らくいん》を押されて慶喜追討令が発せられた。

　戦乱終結後、三条・岩倉の両議定が副総裁に昇格、薩土両藩の参与と共に新政権の実権を掌握したことから、藩主クラスの議定の意思は無視されがちとなった。とりわけ書簡の中で、「薩奸」と西郷・大久保らを指弾した春嶽は新政権内で次第に孤立し、疎外されていったのであった。

これも福井

坂本龍馬の福井訪問

全国に龍馬ファンは多い。二〇〇八年(平成二十年)十月二十五・二十六の両日、福井市で「第二十回全国龍馬ファンの集い福井大会」が開催された。「松平春嶽公生誕百八十年」を記念して催されたが、全国から約四七〇人が参集、その人気の高さを裏付けていた。

その坂本龍馬が、福井城下を三回訪問している。第一回目は文久三年(一八六三)四月のことで、幕臣大久保一翁から松平春嶽宛の書簡を預かり、届けるための来訪であった。大久保といえば開明派の上級旗本であって、攘夷派の浪士とは対照的な立ち場で、龍馬の人脈の広さに驚かされる。

二回目は同年五月、勝海舟の使いとして再訪している。勝は当時幕府の海軍奉行並で、将軍徳川家茂の許可を得て、兵庫の神戸村に海軍操練所の建設を行っていた。勝はその上幕府の了解を得て同地に私塾である海軍塾の開設準備を進めていた。勝は幕府の海軍ではなく、日本の海軍を創始すべく前途有為の人材の養成を考えていたのである。この私塾の塾頭をしていたのが龍馬であった。海軍操練所の建設費は幕府が年間三〇〇〇両を計上していたが、海軍塾のほうは勝の「勝手次第」ということで、その費用調達は勝の自己責任であった。「日本の海軍」の構想に理解を示していた春嶽の許(福井)に龍馬が赴くことになったのは、そのような事情があってのことである(松浦玲『勝海舟』)。

ところで、前述の龍馬ファンの集いのメインイベントは「春嶽公をめぐる人々」というシンポジウムである。パネリスト七人は高知・長崎・東京・福井と多彩である。この人たちの多くが異口同音に述べたのは、龍馬が勝の使いで福井に来たのは海軍操練所建設資金五〇〇〇両調達のためということであった。考えてみると、一大名が幕府の施設作りに高額の資金援助をするというのはあり得ないことではないだろうか。

上記のような誤解のもとは、多くの龍馬研究書に書かれているからなのである。

さて金額の件については、当時の福井で挙藩上洛計画の中心にいた横井小楠が、龍馬から一〇〇〇両ほど欲しいと聞いている。龍馬の師匠というような立場にあった小楠の言っていることだから信用できる金額といえよう。小楠のことでいえば、この時小楠は龍馬を藩財政に精通している由利公正に紹介している。三人は由利の家で一夜酒を酌み交わし時局を論じている。

来訪の三回目、龍馬最後の福井訪問は、慶応三年(一八六七)十一月二日であった。「逼塞」処分中の由利は、監察方の藩士の立ち会いで、龍馬の旅宿(莨屋《たばこや》)で面談している。想定されていた新政権の財政のことが主たる話題であった。龍馬の周旋によって同年十二月十八日、由利は樹立された新政府の参与に起用されている。しかし、由利の財政手腕に惚れ込んでいた龍馬は、十一月十五日に幕府方の京都見廻り組によって既に暗殺されていたのであった。

④ 最後の藩主松平茂昭

藩祖秀康の血統である茂昭が、十八代藩主を相続することとなる。
藩政は茂昭、国政は春嶽が取り仕切り、動乱の時代の真っ只中に突入する。
廃藩置県後、ほとんどの福井の人が東京へ移住していく茂昭を見送ったという。

動揺する藩内

安政五年（一八五八）七月、幕府は松平春嶽（慶永）に隠居・急度《きっと》慎《つつしみ》（謹慎）を命じると同時に、糸魚川藩主松平直廉《なおきよ》に福井藩三十二万石を相続させた。糸魚川藩松平家は一万石の小藩であるが、五代福井藩主松平光通の庶子であった直堅（権蔵）の養孫直之を藩祖とする越前松平家の支流である。福井藩は、図らずも最後の藩主にいたって、藩祖結城秀康の血統に回帰したのであった。

直廉は、将軍の偏諱を賜り茂昭と改め、従五位下の諸大夫から一躍従四位上少将の高位に叙任された。従四位上少将が越前松平家の家格相当ということになる。新藩主茂昭は二十三歳であった。幕政と藩政の改革を目指していた三十一歳の春嶽が突然、隠居・謹慎の厳罰に処せられて、藩主の座を追われたところから藩内は著しく動揺した。春嶽側近の重臣中根雪江やブレーンであった橋本左内に対する風当たりは強く、守旧派の台頭もみられた。

翌安政六年十月には重鎮であった狛《こま》山城・本多修理の両家老が退き、同月には左内も処刑された。中根も国許に帰り閑職に左遷された。藩政の刷新が図られ、従来の「節倹」中心の政策から、領内産物の専売制を中心とした富国策に転換され、客分の横井小楠の影響力が増して、その感化を受けた由利公正（三岡八郎）らによって推進された。その新たな藩政の方向を示したのが万延元年（一八六〇）秋に横井小楠によってまとめられた『国是三論』である。

当時、藩内では「東北行違事件★」と称された紛議が生じていた。万延元年九月、春嶽の「急度慎」が解かれたのを機に、人事の刷新が図られるが、福井において藩主茂昭が決裁した人事に対して、江戸の春嶽が難色を示したことに端を発していた。この折も小楠が仲介することで「行違」が氷解し、小楠の存在感が強まった。その後、文久二年（一八六二）に春嶽が政事総裁職となって中央政界に復帰すると、以後は春嶽が国政、茂昭が藩政を主導するということで役割を分担した。

▼東北行違
「東」は江戸、「北」は福井。江戸の春嶽と国許の茂昭との間で意思の疎通が滞ること。

征長副総督

元治元年（一八六四）七月二十三日、長州藩に対し皇居に向け発砲したことから追討の勅命が下された。幕府は直ちに西国の二一藩に出陣を命じ、一五万の大軍が一気に長州藩を打倒することとなった。征長総督には当初、松平春嶽の起用が考えられていたが、病気を理由に固辞したので、前尾張藩主徳川慶勝に決定、副総督には八月四日に福井藩主松平茂昭が任命された。そして翌五日に英仏米蘭四国連合艦隊による下関砲撃があり、長州藩は腹背《ふくはい》に敵を受けるという危機的状況に追い込まれたのであった。

福井藩の軍勢は、藩主を警固する本陣馬廻り、家老が指揮する先鋒隊、それに大砲隊で構成され、その兵力は約三七〇〇人であった。出陣した写真の中根牛介は大番頭《おおばんがしら》であった。

長州に出兵する諸大名の攻め口をみると、陸路では安芸（広島県）より岩国へ進む軍勢と石見《いわみ》（島根県）から萩を目指す二方面軍、海路では徳山・下関・萩に上陸して山口を目指す三方面軍があった。副総督茂昭は九州一一藩の兵力五万人を指揮して、海路下関を目指すために小倉に終結することになっていた。

参戦する全大名の軍議が大坂城内で行われたのが十月十二日、全軍の将兵がそれぞれの攻め口に到着するのを十一月十一日とし、総攻撃の日取りは同月十八日に決定した。

福井藩の将兵が大坂を出航したのは十一月一日前後、茂昭が小倉城下の本営に到着したのが十一日、福井藩全軍が小倉に集結したのは十七日であった。九州諸

中根牛介は中根雪江の嫡子である
（福井市立郷土歴史博物館蔵）

最後の藩主松平茂昭

藩の士気は極めて低調であり、精鋭と目された熊本・福岡両大藩の動静をみても熊本藩は全軍の小倉到着は二十一日の予定であるとしており、福岡藩にいたっては総攻撃は時期尚早と、出兵を辞退する有り様であった。

副総督の茂昭が九州勢の集結ままならず苦慮していたところ十六日にいたり、広島の本営より十八日の総攻撃延期が伝達された。長州藩内において必戦の正義派と謝罪を主張する俗論派との相克があり、俗論派が政権を掌握した。そこで十一月十四日、禁門の変の主謀者として三家老の首級を広島の総督府に送って降伏、総督徳川慶勝は同日全軍に十八日の総攻撃中止を伝達したのである。

同月二十三日、総督府参謀西郷隆盛が小倉の副総督の許にきて寛大な措置についての顚末を報告、翌十二月十三日には毛利家の謝罪書が副総督宛にも提出された。同月二十七日、総督は全軍に撤兵を命じ、征長軍は一戦を交えることもなく任務を終えたのであった。副総督松平茂昭は、翌慶応元年（一八六五）一月十二日に小倉を離れている。

幕府にとり不本意な結末であったが、参加した諸大名は長引く軍役には耐えられなかったので、総督としては止むなき決断であったのである。

戊辰戦争と福井藩

慶応四年（戊辰《ぼしん》、一八六八）一月、維新政権は徳川慶喜追討のため東征軍の派遣を決め、有栖川宮を大総督として、東海道をはじめ各道に鎮撫総督を任命した。北陸道鎮撫総督には高倉永祐が任命されている。

高倉総督は一月二十日に京を出発、小浜・敦賀を経由して二月十五日に福井城下の西本願寺掛所へ入り、ここを本営に二週間滞在した。この間越前の諸藩主に謁見し、朝廷に服属する請書《うけしょ》を提出させている。その後、北陸道鎮撫総督の一行は加賀・越中を経て越後高田を通過し信濃に入り、四月中旬に江戸に着陣している。

新政権に議定として身を置く春嶽は、徳川宗家の存続と内戦阻止のため、東征軍派遣の停止を強く要請し続けたが、そのことでかえって朝廷内における自らの立場が不安定なものとなった。福井藩から政府要職の参与に出向していた中根雪江・酒井十之丞・毛受鹿之介がこの頃相次いで辞職を余儀なくされたのも、新政権の福井藩に対する疑惑と国許の新政府に対する不満の板挟みになっていたことを示している。

慶応四年五月三日に奥羽越列藩同盟が成立、新政権に対する抵抗の姿勢が明らかとなったことから、同月二十二日福井藩に対し征討軍に参加することが命じられた。同じ五月末、徳川宗家に駿河で七十万石を与えることが決まり、このことが福井藩内では冷遇としてとらえられて、出兵の下命に対して批判的であった。

北陸道では長岡藩が激しく抵抗し、戦線が膠着《こうちゃく》状態になったことから、六月

西本願寺掛所（西別院）
（福井市立郷土歴史博物館）

に入り福井藩に対し急速な出兵の督促があった。福井藩は対応を余儀なくされたが、藩主茂昭は持病の脚気《かっけ》を理由に出陣の猶予を乞い、六月下旬軍事総官酒井孫四郎以下一二〇〇人が出征した。次いで七月に入り、家臣団筆頭の本多興之輔《こうのすけ》が茂昭名代として出陣、越後口出兵の軍勢は約二〇〇〇人となっている。

福井藩兵は、長岡における激戦や村上城の攻略に参戦、次いで庄内・会津両藩内の戦いにも転戦した。会津征討の狙撃隊長は、狛元《こまはじめ》（主税介）であった。そして、九月中旬に東北の戦争が終息したことで十一月中に帰藩した。短期間の戦役における戦死者一〇名と負傷者三二名はその激闘を物語っている。

狛元（主税介）肖像写真
（福井市立郷土歴史博物館蔵）

版籍奉還と廃藩置県

明治二年（一八六九）一月二十日、薩長土肥四藩主連署で版籍奉還の上表がなされた。同月二十八日には福井藩からも「松平少将（茂昭）上表」が提出されたが、その中で「其土地人民悉ク朝廷之御管轄ニ相成、天下郡縣之制度古ニ復」すとされ、先駆的な内容の上表となっている。四月に入り上表が二三一藩に及んだことから、六月には各藩の版籍奉還が勅許された。版（土地）と籍（人民）が朝廷に返還されたことで全藩主は非世襲の知藩事に任命された。

知藩事の家禄は藩収入の一〇分の一とされ、家臣の給禄もそれに準じて削減された。高禄の武士ほど削減率は高く、下位となるに従ってその率は低減された。家臣筆頭の武生（府中）本多家二万石は高一割の二千石とされ、その取り米は七百四十一石であった。知行高百石の士は高七割の七十石で、その取り米は四十六石余とされた。

諸藩は十五万石以上が大藩で、五万石未満が小藩にされた。禄制改革による改正高が十二万九千六百五石の福井藩は、中藩に格付けされている。

版籍奉還後の諸改革で、家臣団の組織が改編されて軍事的機能が弱体化した。それに即応してか、藩祖結城秀康が北陸支配の象徴として築いた城郭の解体も始まっている。外堀が埋められ、郭内の一部には下級藩士の授産のために桑・茶などの栽培が許されている。

廃藩置県が断行されたのは明治四年七月十四日で、福井藩は廃止され、足羽県となった。旧藩主の知藩事は免官となり東京移住を命じられた。当時、藩校明新館（元明道館）のお雇い理化学教師であったグリフィスは、福井を去る前藩主松平茂昭について日記（山下英一著『グリフィスと福井』）の中で次のような感懐を述べている。

十月一日……藩知事が私的生活に入るために、家来に別れを告げる。……封建日本が文明国家に移りかわろうとする。

十月二日……藩知事は千人以上の武士に護衛されて江戸へ立った。福井の人

最後の藩主松平茂昭
松平茂昭肖像写真
（福井市立郷土歴史博物館蔵）

は殆ど彼を送りに集まった。まもなく我々は藩知事のいない国にいることになった。

福井藩松平家系図（3）

○数字は藩主の代数
―は実子、＝は養子

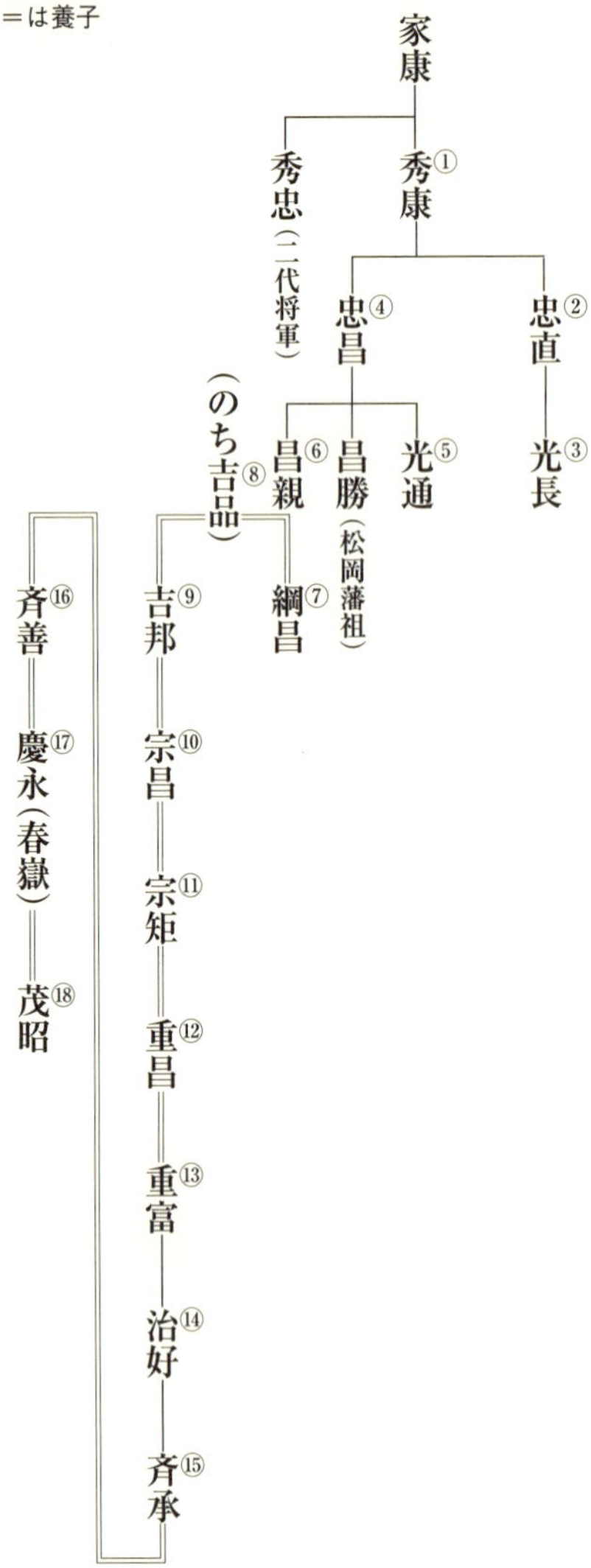

福井藩主一覧

	姓名	在職期間	生没年	享年	父	備考
初代	結城秀康	慶長五～慶長十二	天正二～慶長十二	34	徳川家康	
二代	松平忠直	慶長十二～元和九	文禄四～慶安三	56	結城秀康	
三代	松平光長	元和九～寛永一	元和一～宝永四	93	松平忠直	
四代	松平忠昌	寛永一～正保二	慶長二～正保二	49	結城秀康	
五代	松平光通	正保二～延宝二	寛永十三～延宝二	39	松平忠昌	
六代	松平昌親（後に吉品）	延宝二～延宝四	寛永十七～（後出）		松平忠昌	
七代	松平綱昌	延宝四～貞享三	寛文一～元禄十二	39	松平昌勝	松岡藩主昌勝は忠昌二男
八代	松平吉品（初名昌親）	貞享三～宝永七	（前出）～正徳一	72	（前出）	
九代	松平吉邦	宝永七～享保六	天和一～享保六	41	松平昌勝	
十代	松平宗昌	享保六～享保九	延宝三～享保九	50	松平昌勝	
十一代	松平宗矩	享保九～寛延二	正徳五～寛延二	35	松平知清	知清は結城秀康の曾孫
十二代	松平重昌	寛延二～宝暦八	寛保三～宝暦八	16	徳川宗尹	宗尹は一橋家初代
十三代	松平重富	宝暦八～寛政十一	寛延一～文化六	62	徳川宗尹	
十四代	松平治好	寛政十一～文政八	明和五～文政八	58	松平重富	
十五代	松平斉承	文政九～天保六	文化八～天保六	25	松平治好	
十六代	松平斉善	天保六～天保九	文政三～天保九	19	徳川家斉	家斉は十一代将軍
十七代	松平慶永（春嶽）	天保九～安政五	文政十一～明治二十三	63	徳川斉匡	斉匡は田安家三代目
十八代	松平茂昭	安政五～明治四	天保九～明治二十三	55	松平直春	直春は光通の庶子直堅より八代目

最後の藩主松平茂昭

これも福井

福井藩人物列伝（2）

笠原白翁　かさはら・はくおう

（文化六年〔一八〇九〕～明治十三年〔一八八〇〕）

白翁は、文化六年（一八〇九）に医者笠原竜斎の長男として、足羽郡深見村（現福井市深見町）に生まれた。名は良、通称を良策といった。白翁は号で、「白」は牛痘のラテン語「ハクシーネ（白神痘）」によっている。

はじめは福井藩の医学校済世館で医学を修め、その後江戸の礒野公道に古医方を学び、福井城下で町医として開業した。

天保年間に加賀の医者大武了玄から蘭医学を学び、その実践を試みている。松平春嶽は著書『真雪草子』の中で「西洋医学の越前に弘りしは笠原良策を以て魁となす」と述べており、福井城下における西洋医術の先駆けであった。天保十一年（一八四〇）には京都の日野鼎哉《ていさい》に就き、蘭医方の研修を深める。

弘化二年（一八四五）には清人・回邱浩川の『引痘新法全書』によって種痘法を知り、翌年痘苗を中国から輸入することを藩に嘆願している。この中で「それ飢餓・兵革・疾病は国家の三大難」と述べ、疾病中では痘瘡による全国の死者が年間三〇万人に達していることを指摘、その予防の急務なることを強調している。

初回の上書は無視されたが、嘉永元年（一八四八）、知人の藩医半井仲庵の口添えで藩主春嶽の耳に入った。春嶽はその趣旨を認め、老中阿部正弘に働きかけ、長崎奉行に痘苗輸入の内命が下された。

やがて蘭医モーニッケのもたらした痘苗が福井藩の要請に基づき、京の日野鼎哉のもとに運ばれてきた。当時、痘苗は人から人に植え継いで保存し伝承された。白翁の尽力によって痘苗が福井に到来したのは翌嘉永二年の十一月だった。

同四年には福井城下に公営の除痘館が開設され、領内で種痘が実施されている。幕府やその他の諸藩よりかなり早く、福井藩の医学の先進性がうかがえる。

この間の白翁の活動や種痘法については、彼自身の著書『牛痘問答』や『牛痘鑑法』、日記『戦競力』にまとめられている。

明治十三年（一八八〇）没、享年七十二歳。福井市大安寺に葬られた。

橘　曙覧　たちばな・あけみ

（文化九年〔一八一二〕～慶応四年〔一八六八〕）

明治三十二年、正岡子規は曙覧の『志濃《しの》夫廼舎《ぶのや》歌集』に感銘し、万葉以後の大歌人と彼を賞揚した。このことにより没後三十年間埋もれていた曙覧が全国的に知られた。

曙覧は文化九年（一八一二）に福井城下の紙商正玄五郎右衛門の嫡男として生まれた。正玄家は橘諸兄の末裔という福井城下の富商橘屋の一族で、父の死去で十四歳で家業を継いだ。しかし文学に傾倒し商売がおろそかになり、三十四歳の時に家業を弟宣に譲り、足羽山に隠棲した。

曙覧は天保十五年（一八四四）、飛騨高山の国学者で、本居宣長の高弟である田中大秀に入門し、学問と共に万葉の作歌を学んだ。

元治二年（一八六五）、福井藩前藩主松平春嶽が、彼の陋屋を訪問した。貧しい暮らしの中にも書き物がうずたかく積まれているのを見て、「今より曙覧の歌のみならで、其の心のみやびをしたひ学ばや」と清貧の生きざまに深く感動している。当時、隠宅を彼は「藁屋」と言っていたが、春嶽はその屋号を「忍ぶの屋」（志濃夫廼舎）に改めさせた。

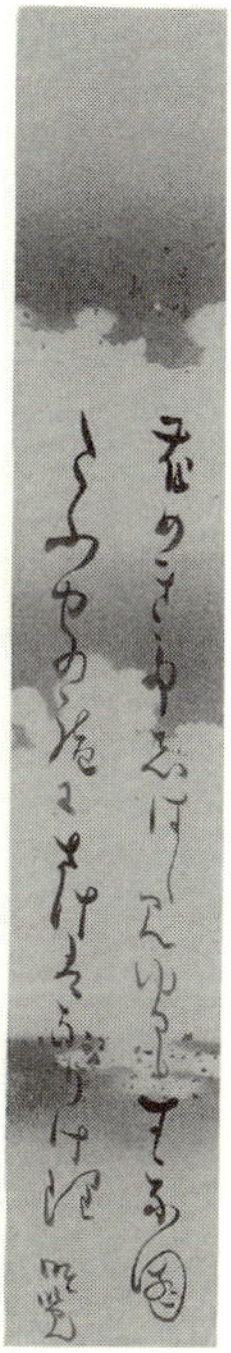

橘曙覧筆和歌短冊
（福井市立郷土歴史博物館蔵）

彼の全歌八六〇首は『志濃夫廼舎歌集』（明治十一年刊）に収められているが、国学者として勤王思想を詠じたものと、真摯な生活者としての歌に分けられる。彼の歌の真骨頂は「独楽吟」という日々の生活を率直に歌いあげた五二首にある。貧しさを苦にせず、生活の苦しさの中に楽しみを見出している。

平成六年（一九九四）六月十三日、天皇・皇后両陛下の初めての訪米の折、クリントン大統領が歓迎スピーチで、幕末の歌人橘曙覧の歌を引用した。「たのしみは朝起きいでて昨日まで無かりし花の咲けるを見るとき」という歌である。このことで近年曙覧が見直されるようになった。

たのしみは
妻子むつまじく
うちつどひ
頭ならべて
物をくふ時

このように曙覧の歌は説明を要しないほど平明でありながら、人生の哀歓が鋭く表現されている。

曙覧は、慶応四年（一八六八）五十六歳を一期として没した。

鈴木主税　すずき・ちから

（文化十一年（一八一四）～安政三年（一八五六））

主税は福井藩の重臣で、藩主春嶽を補佐して藩政改革に大功があった。名は重栄、純淵と号した。主税は通称である。主税は文化十一年（一八一四）、上級藩士の海福正敬の子として生まれたが、鈴木長恒の養子となり、天保八年（一八三七）に家督、四百五十石を相続している。

天保十三年、寺社町奉行の要職に就いたが、その清廉な行政手腕によって、福井城下の町民から敬慕されていた。ことに木田荒町の町民は同町に課せられていた負担を免除されたことから、「世直し大明神」として崇敬し、生祠を建てて今もお祭りをしている。

主税は、弘化二年（一八四五）側向頭取、嘉永元年（一八四八）側締役を歴任し、若い藩主を厳しく教導したが、春嶽は主税の言を重んじて、聴かざることはなかったといわれている。

安政期に入ると、藩主の厚い信頼のもとに藩政改革を推進し、政務を掌握して多年の積弊を刷新した。とりわけ安政二年（一八五五）の藩校明道館の創設に当たっては積極的な人材登用を行っている。若年の橋本左内を事実上の責任者にあたる学監同様心得に抜擢したり、微賤の身分の吉田東篁を助教に任用したことなどはその顕著な事例といえる。

安政二年には、春嶽の側近にあって機密に関与し、親藩の立場から将軍継嗣問題など国事の処理にも奔走している。この頃、幕府・諸藩の名士と交流して特に水戸藩の名士と交わり、同藩の藤田東湖や熊本藩の横井小楠と親交を重ねた。

東湖は、「今真に豪傑と称すべき者、天下唯鈴木主税・西郷吉之助（隆盛）あるのみ」と賞揚していた。自分の後継者として橋本左内に着目し、藩主春嶽の側近に推挙したのも主税の功績であった。

重病の床にあった主税は左内を枕元に招き、後事を託して江戸常磐橋の藩邸にて没した。時に安政三年（一八五六）二月十日、享年四十三歳であった。

由利公正 ゆり・きみまさ

（文政十二年〔一八二九〕〜明治四十二年〔一九〇九〕）

福井藩では代々三岡姓を称していたが、明治三年（一八七〇）に家祖の姓由利に復している。名は義由、明治元年に公正と改める。通称を八郎といった。

文政十二年（一八二九）、福井藩士三岡義知の長男として生まれた。嘉永四年（一八五一）福井に来訪した横井小楠の実学思想に感化されて、五年を費やして独力で藩財政の実態調査を行い、深刻な窮乏の現状を突きとめている。同六年、父の死去で家督百石を相続、同年砲術修行の命を受けて出府した。

由利公正肖像（81歳）

たまたま黒船の来航に遭遇して米艦を目撃、富国強兵の信念を強めた。安政元年（一八五四）同僚の佐々木長淳と共に大砲・小銃・火薬製造を担当し、また紙・蚊帳《かや》など特産品の改良増産にも尽力している。同六年、藩を説得して殖産興業資金五万両を調達して物産総会所を設立し、海外貿易に深く関与している。

文久二年（一八六二）、御奉行（勘定所の責任者）に昇進、翌三年郡奉行となる。この間、前藩主松平春嶽が政事総裁職に就任したことで国事に参画し、公武合体路線の推進を図るため挙藩上洛計画を画策した。しかし、藩内の反対派に阻止されて藩論は一変し、蟄居を命じられる。閉門・謹慎は文久三年八月から慶応三年（一八六七）十二月までの四年の長きに及んでいる。

謹慎中の慶応三年十一月、かねて面識のあった坂本龍馬が王政復古後の財政策について由利と協議するため来訪し、藩の監察官立ち会いのもとで会談した。坂本の推挙で同十二月新政府の参与職に抜擢される。維新政権の下で会計基金三〇〇万両の募債と太政官札発行を提案したり、国家の基本理念である五箇条の御誓文の原案を起草している。一時期帰藩し藩政改革で手腕を発揮したが、明治四年（一八七一）には東京府知事、その後元老院議官・貴族院議員を歴任し、同二十年子爵に列している。明治四十二年四月二十八日に八十一歳で死去、東京品川の海晏寺に葬られた。

橋本左内 はしもと・さない

（天保五年〔一八三四〕～安政六年〔一八五九〕）

左内は天保五年（一八三四）藩医橋本長綱の長男として生まれた。名は綱紀、左内は通称である。また宋の岳飛を慕って景岳と称した。

父長綱は紀州の華岡青洲に入門、外科手術に長じて藩内で評価されていた。左内は嘉永二年（一八四九）、十六歳で大坂の緒方洪庵の適塾に学び、蘭方医学を修めた。しかし、彼は天下国家の病根を直す大医でありたいと政治を志し、家業の藩医は末弟綱常が継承した。

橋本左内の墓所
（『越山若水』より）

安政二年（一八五五）福井藩では藩政改革の一環として藩校明道館を創設し、左内は蘭学科掛に起用される。重臣鈴木主税の推挙によって、同三年一月に二十四歳の左内が事実上の藩校経営の責任者となった。

左内は空理空論を否定、実学の精神に基づく学校運営を実践したが、その顕著な事例として洋書習学所の開設がある。洋学の知識を応用することによって、物産の開発や兵器の製造を行い、富国強兵を図ろうとした。

同年八月、左内は藩主松平春嶽の側近となり、国事に専念することになった。幕政改革を目指す藩主を補佐し将軍継嗣運動の周旋に努め、朝廷に対して徳川慶喜擁立のための説得工作を行った。

左内は英明な将軍を頂点に封建的統一国家を再編し、積極的に開国を図ることを企図していた。しかし、翌五年に従来の幕府専制を強行しようとする井伊直弼が大老に就任したことにより、幕政改革派は敗退して、主君春嶽は藩主の座を追われた。

安政六年十月、左内は軽輩の身分で将軍継嗣問題に関与したことを重くとがめられ、幕命によって江戸伝馬町の獄舎において斬刑に処せられた、享年二十六歳。墓所は福井市内の左内公園にある。

なお、左内は幼少より俊秀として知られていたが、ことに十五歳の時、自省の書として執筆した『啓発録』は有名である。

福井藩纏・福井藩馬印・御家中指物

①

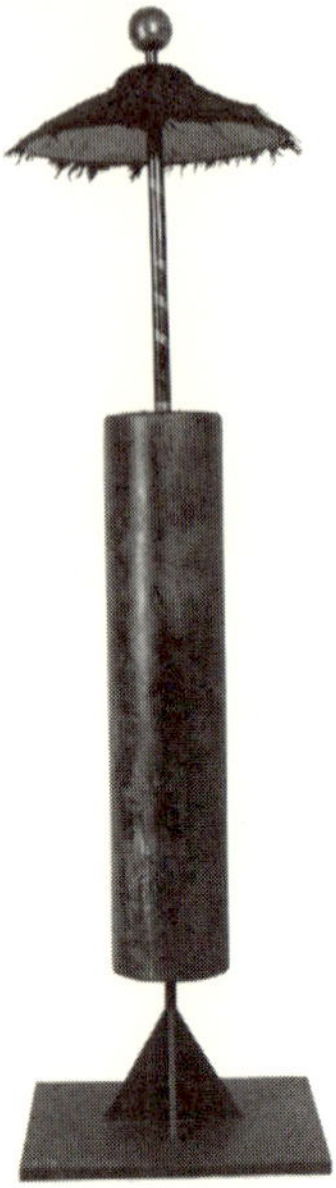

②

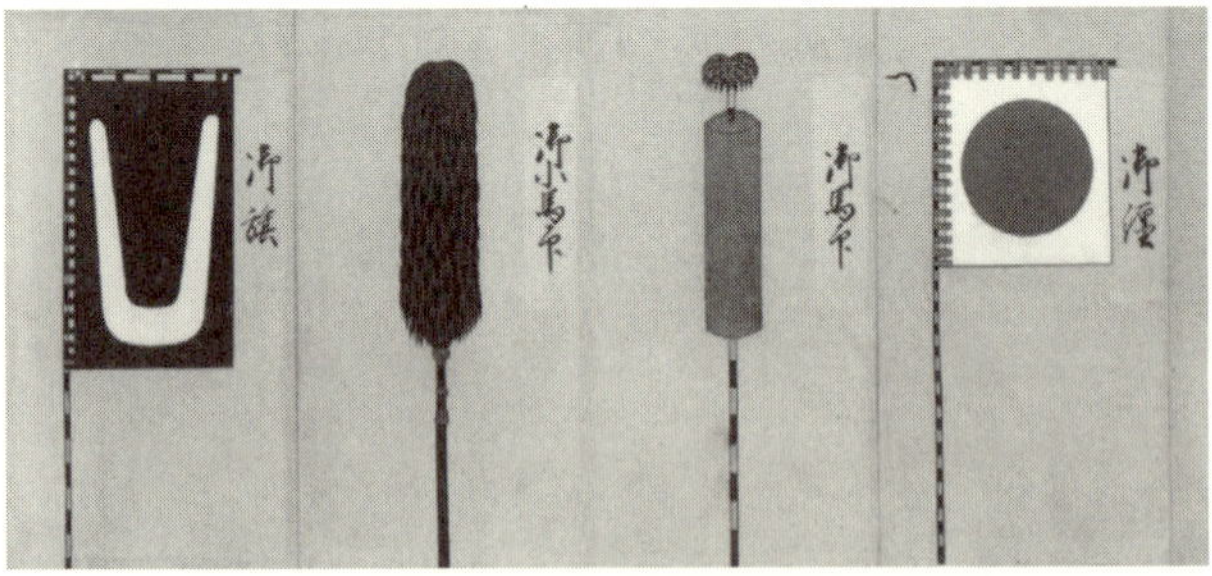

③

①**福井藩纏《まとい》**（福井市立郷土歴史博物館保管／越葵文庫蔵）
陣中で大将の位置を示すのぼり旗。秀康の頃から白地に日の丸を用いた。

②**福井藩馬印**（福井市立郷土歴史博物館保管／越葵文庫蔵）
大将の馬側に掲げられた棒状の印。

③**御家中指物**（福井県立図書館保管／松平文庫蔵）
福井藩の各種旗指物などをまとめた図。

エピローグ

現代に生きる福井藩

明治四年（一八七一）七月の廃藩置県後、雄藩三十二万石の城下町福井は北陸の中都市となった。当分は越前五郡を所管する弱小足羽《あすわ》県の県庁所在地であったが、同六年一月には敦賀《つるが》県に合併されて県庁は港町敦賀に移った。県都の地位を失った福井の町民はその復活を当局に根気よく請願し続けた。ところが、明治九年八月、こともあろうに越前七郡は加賀藩旧領の石川県に吸収されるという最悪の事態になった。元来、福井藩が越前国に設置されたのは外様の最大雄藩である加賀前田家に対する布石としてであった。以来近世を通じて越前・加賀両国間には微妙な対立感情が底流としてあった。

石川県の千坂県令は、この宿命的な両者の葛藤で県政の紊乱《びんらん》を招くことを憂慮して、石川県から越前を分離することを政府に建言した。こうして明治十四年二月、現在の県域の福井県を設置することが決定し、福井の町が県都として再生した。同二十一年市制が公布され、翌二十二年、人口三万九〇〇〇人の福井市が誕生した。

県都福井の中心部には、結城秀康が北国の固めとして精魂を傾けて築いた福井城址がある。それは本丸を中心に二の丸・三の丸、それに百間堀などの城濠を含む広大な地域であった。廃藩置県後は陸軍省の所管に属していたが、明治二十二年に福井城址が陸軍の連隊編制構想から除外されることになり、旧主松平家の要請によって払い下げられた。

松平家の当主康荘《やすたか》は英国に留学して農学を修めたが、明治二十六年に福井市に帰住を決め、広大な城址に松平試農場や園芸伝習所などを設けて農業と園芸の改良・普及に貢献した。かくして城址は、「本丸・二の丸・三の丸は石塁及び城濠殆ど旧の如く現存し、転々昔時の規模を偲ばしむ」（福井県内務部『県史蹟勝地調査報告』大正十年）とあるように、全国的にみても稀有《けう》で良好に保存されていた。大正八年（一九一九）に城址二の丸にあった県立福井中学校を卒業した作家の中野重治は、当時の模様を次のように回想している。

「停車場を出ると西へ向かって広いまっ直ぐな道がある。道路の左手には県庁だの赤十字社だのがある。右手はただちに濠で、濠の向こうに高い石垣が連なっている。この道路ぞいの濠に季節になると赤白の蓮の花が咲く。道路ばたから石垣の根まで、濠いっぱいに咲いたのを見ながらそこの道路を歩くのは楽しかった」（『小品十三件』昭和四十五年）。

ところで、広大な城址の利活用については当初から有識者の論議の的になっていた。公園化や官公署・学校の移転先としても取り沙汰されていた。中でも老朽化著しい県庁舎の移転・改築は十数年来の課題となっていた。大正九年、松平家と県との間で石垣・城濠・立木などの現状維持を条件として、本丸を県庁用地として無償貸与することが決まり、松平家の試農場は坂井郡細呂《ほそろ》木村山室《きむらやまむろ》（現あわら市）に移転した。このことが契機となり、松平家は逐次《ちくじ》二の丸・三の丸を福井駅周辺の再開発に開放していったのである。

中野重治の前記回想にみえる県庁舎の跡地には、昭和三年（一九二八）、地元資本によるデパートが建てられた。当時、商売には不適当といわれていた土地で起業家の冒険が当たり、片側の堀も埋め立てられて、この界隈は駅前商店街に様変わりしていった。

福井駅周辺の再開発に拍車がかけられたのは、昭和二十年七月の福井市戦災と同二十三年六月の福井大地震という災害を克服する復興都市計画によってであった。都心部では広い道路と防火地帯の必要性のもとに都市計画が進められた。城址三の丸を貫通する広幅員《こうふくいん》街路（幅員四四メートル）や本丸城址に隣接して造成された中央公園がその象徴ともいえるが、城下町の歴史的景観は払拭《ふっしょく》された。本丸城址はからくも往時の姿をとどめていたが、それも昭和五十六年に置県百年を記念して旧庁舎が地上一一階の近代的ビルに建て替えられた。そのことで歴史的景観が著しく損なわれ、県外からの来訪者の顰蹙《ひんしゅく》を買っている。

平成十八年（二〇〇六）十一月四日、福井市教育委員会は、福井城築城四百年を記念して「築城四百年〜そしてこれから」のシンポジウムを開催した。四人のパネリストによって熱い討議が交わされたが、その中で県外の専門家が本丸城址こそ「福井のまほろば」と強調したことで参加者に深い感銘を与えた。

県都の歴史的景観を復元することを目標に、平成十四年九月に福井城の復元をすすめる会が発足したが、現在も普及・啓発のために地道に活動を続けている。

あとがき

二〇〇八年の晩春、菊地社長より突然「シリーズ藩物語」に参加して「福井藩」の執筆をしないかとの懇篤なお誘いをいただいた。菊地氏は「江戸時代に三百近くあった『藩』は、それぞれの地域で文化と人材を育てていたので、それを再評価したいのだ」というのである。私はその考えに深く共鳴して執筆を受諾した。

そもそも私と「福井藩」とのかかわりであるが、それは福井県立図書館の司書となったことが宿命的に関係している。私は主として参考調査業務（レファレンス・サービス）に携わっていた。県立図書館には「松平文庫」という福井藩史料があった。この松平文庫は福井藩松平家の血筋を引く本家（現当主松平宗紀氏）が福井県立図書館に寄託しているものである。

全国から多くの研究者が当文庫史料の調査目的のために来訪され、また各地の福井藩士の末裔の方々からも先祖調べなどの照会が非常に多かった。時あたかも福井県下では、自治体史の編纂が活発に進められており、松平文庫とのかかわりもあり編纂に協力することが多くなっていった。平成元年（一九八九）に『松平文庫福井藩史料目録』を刊行し、それを置土産に退職した。しかし福井藩との因縁は今もって続いており、本書の出版になったのである。

松平文庫とのかかわりで補足すると、松平本家は福井藩関係史料を福井市立郷土歴史博物館にも寄託しており、「越葵文庫」といわれている。また、同館には松平分家の「春嶽公記念文庫」も寄贈されている。この両文庫は、松平文庫とともに福井藩研究には欠くべからざる貴重な史料群である。本書出版にあたって越葵・春嶽公記念両文庫利用については西村英之副館長より種々ご助言をいただき、感謝している。

今回の上梓に当たり菊地社長より的確な助言をいただいた。また、編集・校正のスタッフの方からは不慣れなところを助けていただいた。現代書館の関係者各位に御礼申し上げます。

参考文献

『福井県史通史編3・4（近世）』（福井県、平成六〜八年）
『福井県史年表』（福井県、平成十年）
『図説福井県史』（福井県、平成十年）
『福井市史通史編2（近世）』（福井市、平成二十年）
『福井市史資料編1〜9（近世一〜七）』（福井市、平成二〜平成六年）
『福井市史絵図・地図』（福井市、平成元年）
『国事叢記上・下』（福井県立図書館、昭和三十六〜三十七年）
『グリフィスと福井』（山下英一、福井県郷土誌懇談会、昭和五十四年）
『福井藩祖結城秀康』（福井市立郷土歴史博物館、平成十九年）
『越前松平家と大安禅寺』（福井市立郷土歴史博物館、平成十八年）
『松平春嶽をめぐる人々』（福井市立郷土歴史博物館、平成二十年）
『福井藩と豪商』（福井市立郷土歴史博物館、平成十八年）
『福井藩と江戸』（福井市立郷土歴史博物館、平成二十年）
『福井城と城下町のすがた』（福井市立郷土歴史博物館、平成二十二年）
『片聾記・続片聾記上・中・下』（福井県立図書館、昭和三十〜三十二年）
『越藩史略』（三上一夫校訂、歴史図書社、昭和五十年）
『新訂越前国名蹟考』（杉原文夫校訂、松見文庫、昭和五十五年）
『福井藩史事典』（鈴木準道原著、舟澤茂樹編、歴史図書社、昭和五十年）
『若越城下古図集』（松原信之、古今書院、昭和三十二年）
『徳川将軍と天皇』（山本博文、中央公論新社、平成十一年）
『天領』（村上直、人物往来社、昭和四十年）
『大名金融史論』（森泰博、新生社、昭和四十五年）
『大名預所の研究』（服藤弘司、創文社、昭和五十六年）
『松平春嶽未公刊書簡集』（伴五十嗣郎、福井市郷土歴史博物館、平成三年）
『幕末維新と松平春嶽』（三上一夫、吉川弘文館、平成十六年）
『松平春嶽のすべて』（三上一夫、舟澤茂樹編、新人物往来社、平成十一年）
『横井小楠と松平春嶽』（高木不二、吉川弘文館、平成十七年）
『橋本左内』（山口宗之、吉川弘文館、昭和六十年）
『横井小楠』（松浦玲、朝日新聞社、平成十二年）
『横井小楠』（三上一夫、吉川弘文館、平成十一年）
『由利公正のすべて』（三上一夫、舟澤茂樹編、新人物往来社、平成十三年）
『ふるさとの想い出写真集　福井』（国書刊行会、昭和五十四年）
『名品選』（福井市郷土歴史博物館、平成十六年）
『福井城下町名ガイド』（歴史のみえるまちづくり協会事務局、平成十三年）
『大奥』（福井市郷土歴史博物館、平成二十一年）
『写真・福井の百年』（日刊福井、昭和五十六年）
『写真で見る順化地区史』（ふるさとおこし順化地区委員会、平成三年）

協力者

松平宗紀
福井市立郷土歴史博物館
北前船の館　右近家
越前市教育委員会
瑞源寺

舟澤茂樹（ふなざわ・しげき）
昭和六年（一九三一）東京都台東区生まれ。福井県立図書館司書、仁愛女子短期大学非常勤講師、福井県文化財保護審議会委員などを経て、現在福井市教育委員会委員長。編著書に『福井城下ものがたり』『福井藩史事典』など。

シリーズ藩物語 **福井藩**

二〇一〇年十一月二十日　第一版第一刷発行

著者――舟澤茂樹
発行者――菊地泰博
発行所――株式会社　現代書館
東京都千代田区飯田橋三―二―五　郵便番号　１０２―００７２　http://www.gendaishokan.co.jp/
電話　０３―３２２１―１３２１　ＦＡＸ　０３―３２６２―５９０６　振替　００１２０―３―８３７２５
組版――デザイン・編集室 エディット
装丁――中山銀士＋杉山健慈
印刷――平河工業社（本文）東光印刷所（カバー、表紙・扉、見返し、帯）
製本――越後堂製本
編集――二又和仁
編集協力――黒澤　務
校正協力――岩田純子

 ISBN978-4-7684-7123-4

江戸末期の各藩

松前、八戸、七戸、黒石、**弘前**、**盛岡**、**一関**、秋田、亀田、本荘、秋田新田、仙台、松山、**新庄**、**庄内**、天童、長瀞、**山形**、上山、**米沢**、米沢新田、相馬、福島、**二本松**、三春、**会津**、守山、棚倉、平、湯長谷、泉、**村上**、黒川、三日市、**新発田**、村松、三根山、与板、**長岡**、椎谷、**高田**、糸魚川、松岡、笠間、宍戸、水戸、下館、結城、古河、下妻、府中、土浦、麻生、谷田部、牛久、大田原、黒羽、烏山、高徳、喜連川、宇都宮、壬生、吹上、**足利**、佐野、関宿、高岡、佐倉、小見川、多古、一宮、生実、鶴牧、久留里、大多喜、請西、飯野、佐貫、勝山、館山、岩槻、忍、岡部、川越、沼田、前橋、伊勢崎、館林、高崎、吉井、小幡、安中、七日市、飯山、須坂、松代、上田、**小諸**、岩村田、田野口、**松本**、諏訪、**高遠**、飯田、金沢、荻野山中、小田原、沼津、小島、田中、掛川、相良、横須賀、浜松、富山、加賀、大聖寺、郡上、高富、苗木、岩村、加納、大垣、高須、今尾、犬山、挙母、岡崎、西大平、西尾、吉田、田原、大垣新田、尾張、刈谷、西端、長島、**桑名**、神戸、菰野、亀山、津、久居、鳥羽、宮川、彦根、大溝、山上、西大路、三上、膳所、水口、丸岡、勝山、大野、**福井**、鯖江、敦賀、小浜、淀、新宮、田辺、紀州、峯山、宮津、田辺、綾部、山家、園部、亀山、福知山、柳生、柳本、芝村、郡山、小泉、櫛羅、高取、高槻、麻田、丹南、狭山、岸和田、伯太、豊岡、出石、柏原、篠山、尼崎、三田、三草、明石、小野、姫路、林田、安志、龍野、山崎、三日月、赤穂、鳥取、若桜、鹿野、津山、勝山、新見、岡山、庭瀬、足守、岡田、岡山新田、浅尾、松山、鴨方、福山、広島、広島新田、高松、丸亀、多度津、西条、小松、今治、松山、新谷、大洲、吉田、宇和島、徳島、**土佐**、土佐新田、松江、広瀬、母里、浜田、津和野、岩国、徳山、長州、長府、清末、小倉、小倉新田、福岡、秋月、**久留米**、柳河、三池、蓮池、唐津、**佐賀**、小城、鹿島、大村、島原、平戸、平戸新田、中津、杵築、日出、府内、臼杵、**佐伯**、森、岡、熊本、熊本新田、宇土、人吉、延岡、高鍋、佐土原、飫肥、薩摩、対馬、五島（各藩名は版籍奉還時を基準とし、藩主家名ではなく、地名で統一した）

★太字は既刊

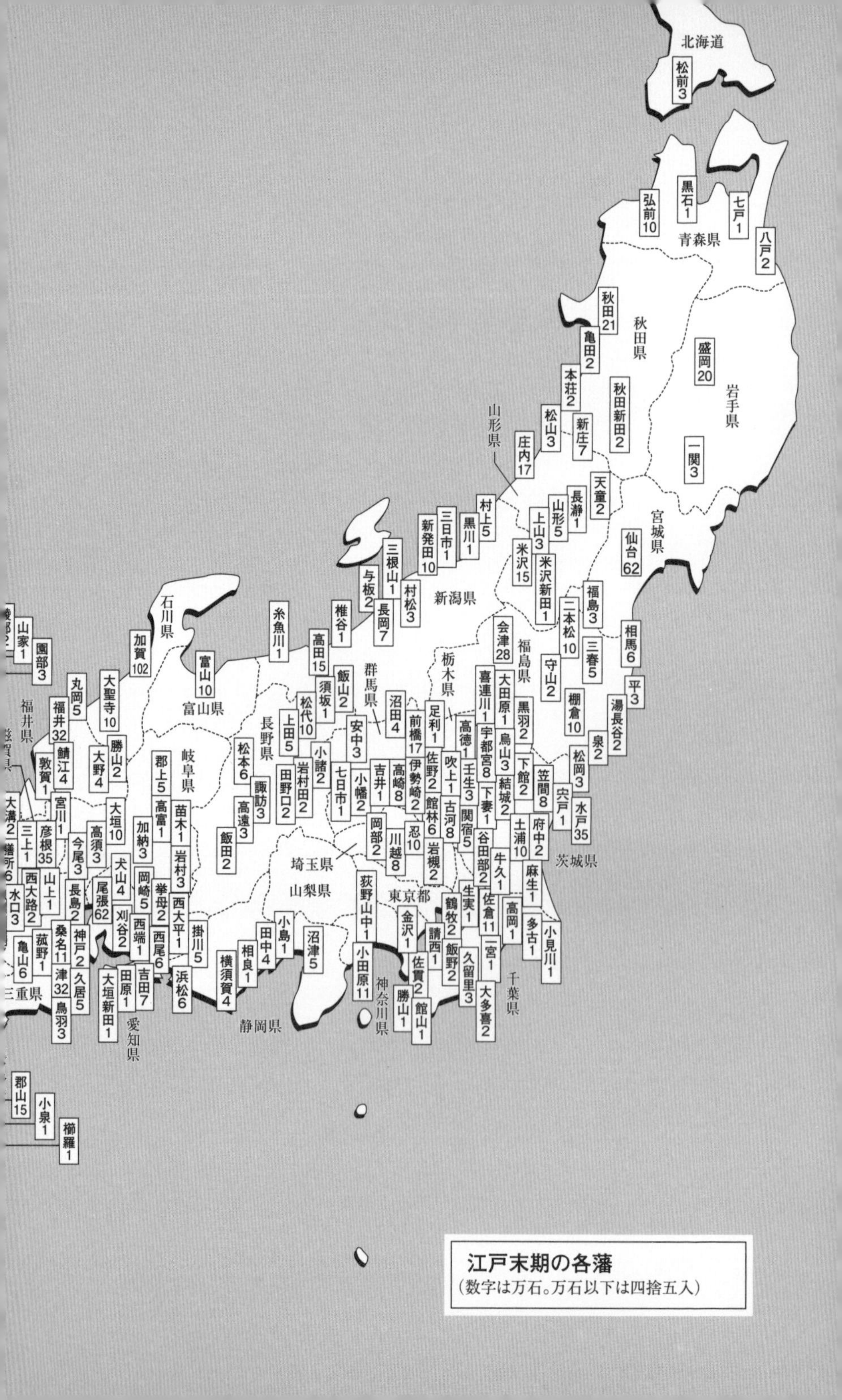

江戸末期の各藩
（数字は万石。万石以下は四捨五入）